Johann Gottfried Gurlitt, Georg Christian Keil

Allgemeine Einleitung in das Studium der schönen Kunst des Altertums

Johann Gottfried Gurlitt, Georg Christian Keil

Allgemeine Einleitung in das Studium der schönen Kunst des Altertums

ISBN/EAN: 9783743393042

Hergestellt in Europa, USA, Kanada, Australien, Japan

Cover: Foto ©ninafisch / pixelio.de

Manufactured and distributed by brebook publishing software (www.brebook.com)

Johann Gottfried Gurlitt, Georg Christian Keil

Allgemeine Einleitung in das Studium der schönen Kunst des Altertums

Allgemeine
Einleitung
in das Studium

der fchönen Kunft des Altertums.

von

J. Gurlitt

Profeffor und Director.

Erfte Abtheilung.

Magdeburg, bei Georg Chriftian Keil, 1799.

Gnädiger Herr,

Von dem lebhafteſten Gefül ungeheuchelter Verehrung durchdrungen überreiche ich *Ew. Excellenz* einen unvollkommenen Verſuch über einen Theil der Antike, welche von allen Sachkundigen Männern mit Recht für den Grund alles Kunſtſtudiums neuerer Zeit geachtet wird.

Die Geſchichte der menſchlichen Begriffe, Phantaſien und Empfindungen, ſamt der Ausdrucksart derſelben, in den Denkmälern merkwürdiger Völker des Altertums, der Hebräer, Griechen und Römer, zu verfolgen — war von den früheſten Jahren, in welchen ich mich den Studien widmete, das hauptſächlichſte Ziel meines Bemühens. Ich ſuchte daher die Theologiſchen, Philoſophiſchen und Philologiſchen Studien in Verbindung mit einander zu betreiben. Ein Plan — der vielleicht für meine Kräfte und Talente zu vielumfaſſend war; für meine Wünſche und Beſtrebungen war er gerecht.

In jener Hinſicht glaubte ich auch die Kenntniſs der ſchönen Kunſt des Altertums in den Zirkel meiner Studien ziehen zu müſſen; und ich ſchloſs ſie von demſelben auch ſeit meinem Abſchiede von Leipzig nicht aus, ungeachtet meine veränderte Lage dieſem Studium ſo günſtig nicht ſein konnte, als diejenige es war, welche ich verlaſſen. Zwar ward ich für dieſen Verluſt luft auf die edelſte Art entſchädigt. Denn wenn der ehmalige Ort meines Aufenthalts dem Studium des Schönen förderlicher war, ſo war der jezige dagegen durch den Genuſs der unbeſchränkteren Denkfreiheit dem Studium des Wahren vortheilhafter, deſſen freie Erforſchung und Mittheilung für das erſte Recht und die höchſte Pflicht des Menſchen von allen einſichtsvollen Männern geachtet wird. Aber Hinderniſſe vermochten doch nicht, ein ſchon liebgewonnenes Studium mir ſo ganz zu entziehen, welches in die Geſchichte menſchlicher Begriffe und Vorſtellungen, auch der religiöſen, ſo mannichfaltig eingreift, und welches das Wahre, Gute und Edle menſchlicher Gedanken und Empfindungen in einer ſo reizenden Sprache der Phantaſie für die Entzifferung des Verſtandes, und in einem ſo gefälligen Gewande der Schönheit für den Genuſs des Auges, darſtellt. Der Eifer nach dem Ziele, Sparſamkeit und Entſagungen, und die Unterſtüzung und Aufmunterung edler Gönner und Freunde halfen einen Theil jener Hinderniſſe beſiegen.

Unter dieſen edlen Gönnern, und — da gleiche Liebe zu den Wiſſenſchaften und Künſten Manner der verſchiedenſten Stände, ſo wie der verſchiedenſten Himmelsſtriche und Religionen, zu Freunden macht — ſo darf ich ſogar ſagen, unter dieſen edlen Freunden nenne ich mit tiefgerürtem Herzen *Ew. Excellenz* allgemein verehrten Namen. Die gnädige Aufmerkſamkeit, welche *Ew. Excellenz* meinen vorigen geringen Verſuchen in dieſem Fache zu gewären geruhten, ward mir ein aufmunternder Wink zum Fortſchritt in demſelben, um dereinſt, beſonders wenn die Vorſehung mir noch einen ruhigern, und der Erweiterung meiner Kenntniſſe günſtigern, Poſten anweiſen ſollte, etwas Gründlicheres und dem Vollkommenen näher kommendes darin leiſten zu können.

Gerechte

Gerechte Richter, wie die Welt in *Ew. Excellenz* verehrt, wiſſen, daſs in jedem Fache der Künſte und Wiſſenſchaften, inſonderheit aber in der Wiſſenſchaft der Antiken, die bis jezt noch ſo wenig, als die Materialien zur Kunſtgeſchichte, vollſtändig geſammelt, zweckmäſsig angeordnet und kritiſch geſichtet ſind, eine Menge Verſuche von mancherlei Gehalt der Vollkommenheit vorhergehen müſſen, welche die Stufen zu dieſer enthalten. Von dieſen Verſuchen, beſonders wenn ſie ohne Anmaaſsung erſcheinen, ſogleich die Vollendung zu fordern, zu welcher ſie hinaufleiten ſollen, iſt nur die unzeitige Anforderung ungerechter Richter, deren manche es für ſich gerathener finden, Prätenſionen der Vollkommenheit anderen in den Weg zu ſtellen, als ſelbſt Hand an das Werk zu legen und etwas Vollkommneres zu ſchaffen, — ungerechter Richter, durch deren Schuld ſchon ſo mancher Plan zu einſtweilen nüzlichen Werken unausgeführt zurückgelegt worden.

Ew. Excellenz geruhen auch dieſen Verſuch, als einſtweilen brauchbare Stufe zu den folgenden Stufen, welche vielleicht in kurzem von Anderen näher zur Vollkommenheit gethan werden, Ihrer ſchäzbaren Aufmerkſamkeit nicht unwerth zu achten. Dieſe wird für den Verfaſſer derſelben eine der ſchönſten Belohnungen ſein, die er ſich von der darauf gewendeten Mühe verſprechen konnte. Denn es iſt die Belohnung von einem erleuchteten Kenner und erhabenen Protector der Künſte, von einem groſsen Staatsmann und edlen Menſchenfreunde, deſſen Name und Verdienſte einſt noch mit Ehrfurchtsvoller Rührung und Dankbarkeit von dem Sächſiſchen und Preuſsiſchen Staate genannt werden, wenn das Andenken dieſes ſchwachen Verſuches über einen Theil der Kunſtgeſchichte unter den Gelehrten längſt vergeſſen ſein wird.

Die

Die Befcheidenheit, welche ich *Ew. Excellenz* fchuldig bin, verftattet nicht ein weiteres hinzufügen, als den aufrichtigen Wunfch eines von der zärtlichften Verehrung und Liebe erwärmten Herzens, dafs die Vorfehung *Ew. Excellenz* noch lange für das Wohl des Staates, welchen Sie fchon feit Jahren mit fo ausgezeichnetem Ruhme, zur dankbaren Freude des glorreichen Regenten und aller guten Bürger deffelben dienen, — noch lange für die fernere Beförderung und Ausbreitung der fchönen Künfte, welche Ihrer forgfamen Pflege fchon der edlen Blüten und Früchte fo viele verdanken, möge wirkfam, — mit frohem Muthe wirkfam fein laffen.

Mit der tiefften Verehrung erfterbe ich

Ew. Excellenz

Klofter-Berge
am 20. April 1800.

untertäniger
Gurlitt.

Bei Erlernung einer Wiffenfchaft mufs man billig folgende vier Fragen an fich thun: *was will ich in derfelben erlernen?* — *wozu erlerne ich fie*, was ift ihr Nuzen und Zweck? — *durch welche Mittel erlerne ich fie?* — und *was mufs ich mit hinzubringen?* — die Beantwortung diefer Fragen ift gewöhnlich der Gegenftand der allgemeinen Einleitung zu einer Wiffenfchaft; fie mag auch hier den Plan der allgemeinen Einleitung in die Archaeologie der fchönen Kunft beftimmen *).

I. Was ift Archaeologie? — Begrif und Eintheilung derfelben.

Der Name *Archaeologie* ift fehr unbeftimmt. Bei den Alten bedeutet er alte Gefchichte. So nannte Jofephus feine alte Gefchichte der Jüdifchen Nation: Jüdifche Archaeologie; und Dionyfius von Halicarnafs feine alte Gefchichte der Römer: Römifche Archaeologie. Ueberhaupt aber begreift das Wort die Nachrichten, einen Unterricht, Vortrag (λόγος) von uralten Dingen einer Nation, die in der Gefchichte derfelben vorkommen. So fagt Plutarch vom Herodotus, diefer habe in feinem Werke viel archaeologifche Sachen, d. i., Erzählungen von alten Völkern, ihren Werken, Sitten, Gebräuchen u. f. w. zum Beifpiel im zwey-

*) A. L. Millin, Oberauffeher des Mufeums der Antiken zu Paris, gab heraus: introduction a l'etude des monumens antiques. Paris 1796. 8. welche Einleitung auch ins Deutfche überfetzt ift, Halle 1798. 8. Ich habe Mehreres, was zu meinem Zwecke diente, im dritten Abfchnitte daraus benuzt.

A

zweyten Buche von Aegypten. — Diefe *alten Dinge* beftehen nun 1) entweder in Sitten, Gebräuchen, Gewohnheiten, Verfaffungen eines alten Volks. Diefes benennen wir mit dem Namen *Antiquitäten* z. B. Antiquitates graecae, romanae. In diefem Sinne nannte John *Potter* feine griechifchen Altertümer, Archaeologia graeca, ungeachtet fie nichts von fchönen Künften des Altertums enthalten. *Rambach* hat daher feiner deutfchen Ueberfezung Halle 1775—78 einen dritten Band beigefügt, worin er das nachholt, was man iezt im engeren Sinne zur Archaeologie rechnet. Oder 2) in Ueberreften einer Nation. Diefe Ueberrefte find nun wiederum *entweder* Schriften. Daher die Wiffenfchaft davon, *Archaeologie der Literatur;* oder Diplome, Handfchriften, Münzen, Infcriptionen. Daher die Wiffenfchaft davon die *literarifche Archaeologie;* oder Werke der fchönen Kunft. Daher die Wiffenfchaft davon *Archaeologie der Kunft*, welche nach dem nun eingeführten Sprachgebrauche auch fchlechthin *Archaeologie* genannt wird.

Diefe *in engerem Sinne fogenannte Archaeologie* erftreckt fich aber nur auf die Kunftgefchichte und die Kunftwerke der Aegyptier, Etrusker, Griechen und Römer, weil fich nur von diefen alten Völkern Werke der Kunft nach ihren verfchiedenen Graden der Schönheit und Vollkommenheit erhalten haben. Die *literarifche Archaeologie* hingegen befchäftigt fich mit den fchriftlichen Denkmälern nicht nur der Griechen und Römer, fondern aller gefitteten Völker des Altertums. . Denn fie heifst eben *literarifch*, weil fie fchriftliche Denkmale oder auch Denkmale mit Schrift behandelt, welche zur Fortpflanzung von Begebenheiten dienten und alfo nun auf die Gelehrfamkeit einen Einflufs haben, wie z. B. die Münzen auf Gefchichte, Geographie u. f. w..

Der Gebrauch des Worts *Archaeologie* im engern Sinne, für die Kenntnifs der alten Kunft und Kunftwerke fcheint durch *Sponii*, eines gelehrten Arztes, mifcellanea eruditae antiquitatis *)

ver-

---

*) Leiden 1685. Fol. diefs Werk fteht auch, nebft deffen auch hieher gehörigen Rei antiquariae felectae quaeftiones, quibus numi, ana-

veranlaſst zu ſeyn, obwol er ſelbſt in der Vorrede zu dem genannten Werke, dieſe Wiſſenſchaft *Archaeographia* nannte. Dieſen Namen behält auch *Millin* bei, ſo wie er hingegen den Namen *Archaeologie* für diejenige Altertumswiſſenſchaft braucht, die wir Antiquitäten nennen. Ich glaube nicht ganz richtig, denn Archaeologie ſagt doch im Grunde daſſelbe, was Archaeographie, und ſo müſſen wir entweder beide Namen für Altertumswiſſenſchaft im weitern Sinne gebrauchen, oder wir müſſen es bei dem eingeführten Sprachgebrauche belaſſen. Und warum wollen wir den Ausdruck *antiquitates*, für die Wiſſenſchaft von der alten Staatsverfaſſung, Religion, Einrichtungen, Sitten und Gebräuchen eines Volks aufgeben, da er offenbar claſſiſch iſt? Aus Cic. Acad. 1, 3. und Auguſtin de civ. Dei 6, 3. 4. erſiehet man ja, daſs *Varro's* verlorne antiquitates rerum human. et divin. meiſtentheils diejenigen Gegenſtände befaſsten, die wir jezt in den Antiquitäten abhandeln. S. auch Plinii Vorrede an Veſpaſ. und 13, 13. Gellius 1, 25. 3, 2. 11, 1. Ob man eben ſo wol dafür *Antiquitas* im Singular, als Ueberſchrift einer Wiſſenſchaft oder eines hiſtoriſchen Werks brauchen könne, iſt noch ſtreitig. Den Kenner der Antiquitäten ſo wol, als der Archaeologie nennen wir einen *Antiquarius* **); im engern Sinne aber verſtehen wir auch öfters blos den Kenner der alten Kunſtwerke, den eigentlichen Archaeologen darunter.

Die

anaglypha, ſtatuae, illuſtrantur, in Polenus Supplementen zu den Graeuiſchen und Gronouiſchen Theſauren Bd. 4. Von der Bedeutung des Worts antiquum und archaeologie hat auch gehandelt Martini im erſten Excurs zu ſeiner Ausgabe von Erneſti Archaeologia literaria.

**) Bei den alten Römern hatte es eine ganz andere Bedeutung. Es bezeichnete, wie z. B. bei Sueton. Aug. c. 86, den, qui vocabula prisca et diu obſoleta diligenter conſectaretur. Späterhin, als die Curſiv Schrift aufgenommen war, nannte man den Antiquarius, der alte Codices für groſse Bibliotheken mit der ſcriptura antiqua (Uncialbuchſtaben) abſchrieb, welche ſich ſchöner ausnimmt, als die kleine Schrift. S. Auſon. Epigram. 16. Sidon. Apollin. Epiſt. 10, 9.

Die Eintheilung der Archaeologie betreffend, fo hat Jacob *Spohn*, der Vater diefer Wiffenfchaft, in der Vorrede zu den mifcell. erud. antiq. fie in acht Kapitel getheilt, nämlich 1) Numismatographie; 2) Epigrammatographie; 3) Architectonographie; 4) Iconographie, wo von Statuen und Gemälden gehandelt wird; 5) Glyptographie oder de operibus fcalptis et caelatis. 6) Toreumatographie, wo von erhabener Arbeit in Marmor, Erz, Holz u. f. w., wo nur die Hälfte der Figur aus einer Fläche hervorfteht, die Rede ift; 7) Bibliographie; 8) Angeiographie, wo von Gefäfsen, Maas, Gewicht u. f. w. gehandelt wird. — Allein diefe Anordnung ift fehr willkürlich, und verbindet Künfte, die gefchieden werden müfsen. Denn die Malerei, Sculptur, und Mofaik find unter die zwei Hauptrubriken *Iconographie* und *Toreumatographie* gebracht, und zur *Iconographie* find die Statuen fowol als die Bronzen und Büften gerechnet. Auch nimmt er in den Plan heterogene Dinge auf, die fich zu befondern Wiffenfchaften eignen, wie die Numismatographie, Epigrammatographie und Bibliographie. — *Chrift* und *Ernefti* behielten diefe heterogenen Gegenftände in ihrem Plane bei, den fie jedoch etwas regelmäfsiger ordneten. — Auch *Millin* fcheint feinen Plan auf diefem Grunde entworfen zu haben, obwol er verfchiedenes richtiger trennt, was Spohn in eins zufammenfafste, und die Bibliographie Spohn's, und Paläographie Ernefti's ganz wegläfst. Seine Abtheilung ift folgende:

1) Gebäude, 2) Malereien, 3) Sculptur oder Bildhauerarbeit, 4) Gemmen, 5) Mofaiken, 6) Vafen, 7) Inftrumente, oder alte Geräthfchaften, 8) Münzen, 9) Infchriften.

Erft nach der Abhandlung diefer neun Claffen von Kunftwerken räth *Millin* §. 5, zu der Unterfuchung über den Urfprung der Kunft, ihren Zweck, den Gebrauch der Symbole und Allegorien, den Unterfchied zwifchen Kunft überhaupt und fchöner Kunft, endlich über den Fortgang und die Schickfale der Kunft bei Aegyptern, Etruskern, Griechen und Römern fortzufchreiten. Er verbindet alfo analytifche und chronologifche Me-

Methode und geht von jener zu diefer fort. Allein *einmal* fcheint die Ordnung, nach welcher die Kunftwerke in den neun Claffen abgetheilt find, nicht eben leicht und natürlich zu feyn; und fodann müffen, dünkt mich, die allgemeinen Begriffe und Kenntnifse über Kunft und fchöne Kunft oder Kunft der Alten, über Urfprung, Fortgang und Schickfale der Kunft, der Abhandlung über die einzelnen Künfte und Claffen von Kunftwerken vorangehen, weil in der lezten vieles nicht ohne jene Begriffe und Kenntniffe, welche gleichfam den Maafsftab zur Beurtheilung und Würdigung des Einzelnen abgeben, verftanden und erklärt werden kann. So mufs ja auch beim Vortrag der Gefchichte der Philofophie und der chriftlichen Dogmen der Schriftfteller mit feinem eigenen Syfteme, — fey es nun Leibnitzifch oder Kantifch, orthodox oder heterodox — bereits aufs Reine gekommen feyn; fo mufs er den Gang der Fortfchritte und Veränderungen derfelben vorher en gros und in allgemeiner Ueberficht entwerfen, wenn beide nicht ein Labyrinth ohne den Faden der Ariadne werden follen. Mich dünkt daher die *Heynifche* Methode, mit einigen Abänderungen im Verfolg der einzelnen Künfte und Kunftwerke, immer noch die befte; nach welcher ich folgende Anordnung machen würde.

1) Von fchöner Kunft oder Kunft der Alten überhaupt.
2) Von Urfprung, Fortgang und dem charakteriftifchen Geifte der Kunft in Egypten, Unteritalien, Etrurien, Griechenland und Rom.
3) *) Von den einzelnen Künften und Kunftwerken, und zwar, den wahrfcheinlichen Fortfchritten der Kunftcultur gemäfs,
   a) von den Inftrumenten oder alten Geräthfchaften und Vafen.
   b) von der Sculptur (wo zugleich von den Büften, Hermen und Köpfen gehandelt wird, und ihren Ab-

---
*) Der Plan diefes dritten Abfchnitts ift im Ganzen derfelbe, welchen der Recenfent von Millin introduction, in der allg. Liter. Zeit. Nr. 29. 17. 97 vorfchlug.

Abkömmlingen, der Toreutik, der Gravüre, Münzen und Inschriften.
c) von der Plastik oder Bildformerei.
d) von der Malerei und Mosaik.
e) von der Baukunst.

II. Wozu erlernen wir Archaeologie? Nuzen und Endzweck derselben *).

Die *Antiquitäten* dienen zur Geschichte, zur Kenntnifs des Geistes der Alten in ihren Staatsverfaffungen, in ihrer Religion, in ihren öffentlichen und häuslichen Gebräuchen und Sitten, zur Kenntnifs ihres Nationalcharakters, zum Verständnifs ihrer Schriftsteller u. s. w. — Der Nuzen, welchen das Studium der Archaeologie der Kunst und der Kunstwerke des Altertums gewärt, ist theils gelehrter, theils ästhetischer und moralischer, theils philosophischer Art. Denn 1) gewärt daffelbe eine genauere, sichere und anschaulichere Kenntnifs eines grofsen Theils deffen, was wir in den Antiquitäten abhandeln, z. B. der Kleidungsstücke, Geräthschaften aller Art u. s. w., ingleichen der bürgerlichen, militärischen, religiösen, häuslichen Sitten und Ge-

*) Vieles hierüber sagt Winkelmann in den Gedanken über die Nachamung der griechischen Werke in der Mal- und Bildhauerkunft; und in der kleinen Schrift: von der Fähigkeit der Empfindung des Schönen in der Kunst, Dresden 1763. 4. Ingleichen Klotz in der Geschichte des Geschmacks und der Kunst aus Münzen, Altenburg 1767. 8. und, über den Nuzen und Gebrauch der Gemmen und ihrer Abdrücke, Altenb. 1768. 8. — Der gelehrte Antiquar Millin unterscheidet im §. 2. seiner introduction den Nuzen der sogenannten Antiquitäten und der Archaeologie nicht genug; und im §. 4 beschränkt er einer Seits den Zweck der Archaeologie zu sehr, indem er ihn in Vermehrung der Kenntniffe, Vermeidung der Irrtümer und Bildung des Geschmacks sezt; auf der andern Seite sind diese Vortheile zu allgemein und unbestimmt ausgedrückt, denn die erfteren beiden kommen allen Wiffenschaften zu.

Gebräuche. — Ingleichen kann vieles aus der Mythologie aus jenem Studium feine Erläuterung oder anfchauliche Erkenntnifs erhalten. — Wir gewinnen ferner daraus für mehrere Wiffenfchaften, befonders für Geographie und Gefchichte eine beträchtliche Ausbeute. So haben wir durch *Eckhels* doctrina numorum veterum mehrere Städte und Pläze der alten Welt kennen gelernt, welche in keinem alten Schriftfteller vorkommen. So hat man die Gefchichte der Ptolemaeer ganz aus Münzen erläutert. So haben die Englifchen Reifenden, z. B. *Pockock*, Notizen von Palmyra aus den Denkmälern gegeben, da hingegen aus den Schriftftellern nur äufserft wenig davon zu entnehmen ift. So liefse fich vielleicht noch vieles aus den alten Kunftwerken und Denkmälern für die alte Naturkunde erlernen, wenn man auf die Erderzeugniffe, z. B. auf die Pflanzen, welche auf derfelben vorkommen, ein genaueres Augenmerk richtete. — Endlich laffen fich auch durch die alten Kunftwerke eine Menge Stellen der alten Schriftfteller erläutern oder richtiger und ficherer verftehen, wovon in Heyne's Virgil mehrere Beifpiele vorkommen *). Diefen Weg betrat *Spence* im Polymetis, aber mit nicht ganz glücklichem Erfolg. Denn da er Alles in den Alten aus den Denkmälern erläutern wollte, fo brachte er vieles bei, was zum Verftändnifs der Dichterftellen ganz unnöthig war, ohne welches man diefe ohnehin fattfam verftand. Selbft der Grundfaz, auf welchen *Spence* baute, dafs die alten Dichter bei ihren Befchreibungen und Schilderungen immer alte Kunftwerke vor Augen gehabt und umgekehrt, ift unrichtig und führt zu unrichtigen

---

*) Winkelmann hat ebenfalls mehrere Stellen der Alten aus Kunftwerken glücklich erklärt, obwol er auch dagegen in Erklärung mancher nicht glücklich war. So hat auch, um nur ein Beifpiel anzuführen, Visconti im Mufeum Pio-Clementinum Bd. 6. die Stelle im Properz 2, 32, 16 Triton ore recondit aquam, glücklich erklärt durch die Tritonenköpfe oder Masken mit offenem Munde, die fich noch erhalten haben, dergleichen die Bocca della Verità ift, die zum Ablaufen und Ableiten des Waffers in die Cloacae dienten.

tigen Refultaten *). Von ähnlicher Art find die Bemühungen *Knapton's* und *Sandby's*, von welchen jener uns den Virgil (London 1750. 2 Bde.), diefer den Horaz (London 1749. 2 Bde. 8.) fo. mit Kupfern von Antiken ausgeftattet gegeben hat. Diefes Feld ift daher, ungeachtet diefer Arbeiten für andere Gelehrte zu einer zweckmäfsigeren Bearbeitung immer noch frei geblieben und werden hierzu befonders die Reliefs, Gemmen und Münzen zu benuzen feyn. — Noch verfchieden hievon ift die Benuzung der antiken Kunftwerke zur Vergleichung wie Künftler und Dichter denfelben Gegenftand verfchieden behandelt haben; welche Vergleichung nicht nur ein edles Vergnügen gewärt, fondern auch die Ausbildung des Gefchmacks eben fo befördert, als die Betrachtung der Behandlung deffelben Gegenftandes durch verfchiedene Schriftfteller, befonders Dichter. *Leffing* im Laocoon, *Heyne* zum Virgil, und *Klotz* in Rückficht auf die Fabeln vom Amor in der Abhandlung von den Gemmen, haben hiervon trefliche Proben im Einzelnen gegeben; die Sache liefse fich aber noch in gröfserer Ausdehnung behandeln. 2) Betrachtet man die Werke der alten Kunft als fchöne Kunftwerke, wobei es nicht darauf ankommt, dafs fie Zeugen von gefchehenen Begebenheiten feyn follen, fondern Mufter von fchöner finnlicher Darftellung und idealifcher Vollkommenheit; fo hat das Studium der Antiken einen grofsen Einflufs auf die Kunft unferes Zeitalters, auf den guten Gefchmack, auf den Reichtum der Erfindung, auf Bereicherung unferer Phantafie mit fchönen Ideen und Bildern, auch felbft auf den fchönen blühenden Stil in Beredfamkeit und Poefie; befonders aber für den Gefchmack in der neuern Kunft. Wie weit fteht Raphaël über andere, welche fich nicht durch

*) S p e n c e Polymetis, or enquiry concerning the agreements between the works of the Roman poets, and the remains of the ancient Artifts, in ten books. London 1747. Fol.; verbeffert 1755 Fol. mit Kupf. In einen Auszug gebracht von T i n d a l. London 1765. 8 deutfch, verändert von B u r k h a r d und H o f f t ä t t e r, unter dem Titel: von der Uebereinftimmung der Werke der Dichter mit den Werken der Künftler, Wien 1774 — 1776. 2 Bde. 8.

durch alte fchöne Kunftwerke bilden konnten! Wir haben z. B. die fchöne Baukunft den Alten ganz zu danken; deren Werke im 15ten Jahrhundert den Gothifchen Gefchmack vertrieben. Man verfertigte damals alsbald Theorieen darüber, welche nachher fehr vervollkommet worden find. Die Werke der Bildhauer=kunft find und bleiben ein unerfchöpfliches Studium für den neuern Künftler. So ward auch die neuere Malkunft wieder hergeftellt und belebt, als man in den Gräbern der Alten die Ueberrefte der Malkunft der Alten antraf. Daher man damals fagte: die Malerei fei von den Todten auferftanden. — Aber 3) das Studium der Antike hat auch einen treflichen Einfluſs auf die Bildung junger Gemüter zu Erweckung des Gefühls vom Schönen, Edlen und Grofsen, zunächft in der Kunft, fodann auch in der Natur und dem Sittlichen. Wenn die fogenannten ftrengern Wiffenfchaften unfern Verftand aufklären, mit Kenntniffen bereichern, und nur durch Berichtigung unferer Begriffe aufs Herz wirken, fo bleibt dagegen der Kunft und Wiffenfchaft des Schönen der Vorzug eigen, dafs fie unfer Gefül verfeinert, in uns die fchnelle und lebhafte Empfindung des Schönen und Guten und das Intereffe dafür habituell macht, unfer Herz zur Sanftmut ftimmt, unfere Leidenfchaften mildert, und das Gefül der Tugend zum Enthufiasmus erhebt. Und da die Art des Menfchen fich zu vergnügen einen nicht unbedeutenden Einfluſs auf feine Moralität hat, fo ift die Gewönung an die feinern und edlern, und dabei fo mannichfaltigen Vergnügen, welche die fchönen Künfte, deren folider Grund die Kunft des Altertums ift, gewären, von nicht geringer Erheblichkeit! 4) Endlich führt Studium der Antike zu näherer Kenntnifs des Geiftes des Altertums, zu Erläuterungen der Begriffe der früheren Zeitalter und der religiöfen und fittlichen Vorftellungsarten, der Religionsgebräuche und Einrichtungen, zu philofophifchen Räfonnements über den Gang des menfchlichen Verftandes im Denken und Handeln, zur Kenntnifs der Gefchichte des Gefchmacks und der Sitten. Freilich eine Seite, von welcher das antiquarifche Studium noch einen philofophifchen, mit grofser

Ge-

Gefchichtskunde ausgerüfteten, Bearbeiter erwartet, welchen es auch ficherlich dereinft noch erhalten wird. Denn das bisher hin und wieder Geleiftete ift nur als Fragment anzufehen. So giebt z. B. die Mannigfaltigkeit der Kleidungsftücke, des Schmucks und der Zierraten, der überall bemerkliche Gefchmack und die Gewandtheit des Wizes und der Phantafie auf den fogenannten Etruskifchen Vafengemälden, einen Begrif von der hohen Cultur, welche Untcritalien einft hatte, ehe das Römifche Räubervolk dort eindrang, und alle Cultur vernichtete. So erfiehet man ferner aus den alten Aegyptifchen Denkmälern, welche keine Helden, keine perfonificirten Tugenden u. f. w., fondern nur Götter und Priefter und was fich darauf bezieht, enthalten, dafs der Priefterorden bei ihnen alles beherrfchte. So läfst fich felbft aus den vielen mittelmäfsigen und fchlechten Werken, die fich aus dem Altertum, befonders in den Büften, Reliefs und den kleinern Werken, erhalten haben, noch Vieles für die Vorftellungsarten, für die Fabel, das Coftume, die Manier der Behandlung u. f. w. erlernen; zu gefchweigen, dafs fie felbft für den no. 2. angegebenen Zweck nicht ganz untauglich find, indem in den fchlechten und mittelmäfsigen Werken, deren Künftler oft grofse trefliche Werke aus der fchönen Zeit vor Augen hatten, fich noch oft die Ideen der alten verlornen fchäzbaren Werke auffinden laffen.

Aber wird man fagen: *warum follen Künftler und Kunftliebhaber hauptfachlich die Antike ftudiren? Warum können fie nicht unmittelbar zur Natur gehen?*

Diefe Frage trifft mit der zufammen: können wir das Poëtifch-Schöne, die Darftellung der Natur, des Menfchen, der Charaktere, der mannichfaltigen Lebensscenen u. f. w. nicht unmittelbar aus der Natur fchöpfen? warum aus den alten Dichtern, aus Homer, Pindar und Sophocles, aus Virgil, Horaz und Terenz? — Im Allgemeinen liefse fich hierauf fagen: unfere ganze Erziehungs- und Studierart fchärft unfere äufseren Sinne und den inneren feinern Sinn weniger für

tief-

tiefeindringende Beobachtung der Natur; Natur und Umgang, Sprechen und Unterreden machten den Griechen klug, uns — Stubenfizen, Unterricht, Lefen und Schreiben; uns müffen beinahe die Dichter erft fagen, dafs die Natur fchön fei, um unfere Aufmerkfamkeit auf diefe und ihre mannichfaltigen und abwechfelnden Schönheiten hinzuleiten *). So ward *Bernini* durch die Schönheiten der Mediceifchen Venus auf diefelben in der Natur aufmerkfam gemacht, und fand fie dann erft auch hier, da er fie vorher allein in der Mediceifchen Venus zu finden geglaubt hatte. S. Winkelm. von der Nachahmung der alten Werke der Bildhauer — und Malkunft, zu Anfange, befonders S. 13. Allein hiermit ift die Sache nicht abgethan. Denn fo bleibt immer noch die Frage: aber wie? wenn man dem jungen Künftler die Erziehungsart der Alten gäbe, wenn man ihn zu ihrer Studierart anführte? Er würde einen fehr weitläuftigen und langen Weg durch die Natur zu machen haben, um zu allem dem zu gelangen, was die edlern und grofsen griechifchen Kunftwerke auszeichnet, um durch eigene alleinige Kraft zu der fchönen Zeichnung, — zu den fchönen Ideen in den Sujets und ihrer Ausführung, — zu den gefchmackvollen Allegorien, — und zu dem Idealifchen der grofsen griechifchen Künftler hinaufzufteigen. Denn 1) in der richtigen und graziöfen Zeichnung find die Alten, auch felbft in mittelmäfsigen Werken, vortreflich. Man fehe nur z.B. die fchönen und edlen Vafengemälde. 2) Der Künftler und Kunftliebhaber wird eine Menge fchöner, edler und grofser Ideen, Empfindungen und Handlungen aus den alten Kunftwerken fich zu eigen machen; er wird die Natur und Menfchen in ihren intereffanteften Augenblicken da fchon gleichfam belaufcht und dargeftellt antreffen; er wird aus ihnen lernen, wie er eine fchöne Idee fchön ausführen; welche intereffante, den An-

*) Sehr lehrreich hierüber ift die Betrachtung einiger Verfchiedenheiten in den Werken der älteften und neueren Schriftfteller, befonders der Dichter, in Garve's Sammlung einiger Abhandl. S. 116 — 197.

Anfang und das Ende einer Handlung inuoluirende Momente derfelben er wählen, wie er felbft dem Gleichgültigen Intereffe geben und das Häfsliche verfchönern müffe, wie er Ausdruck und Wirkung der Seele in Handlung und Leidenfchaft darftellen, wie in allem Schönheit fein höchftes Gefez feyn, und wie er deshalb ftarke Leidenfchaften im Ausdruck bis zu dem Punkte herabftimmen folle, über welchen hinaus Schönheit in Häfslichkeit übergehen würde; wie er endlich, wenn er für ein daurendes Intereffe, ja ich möchte fagen für die Ewigkeit arbeiten will, wie er dann, fage ich, Schönheit in ruhigem Gefül, mit ftiller Gröfse darzuftellen habe. 3) Das Studium der alten Kunftwerke wird ihn zum richtigen Gefchmacke in der Allegorie und Kunftfymbolik füren. Denn, ohne noch der trompetenden Famabilder, der abgefchmackten brennenden Herzen, der aus den Wolken hervorgeftreckten Hände zu gedenken, fo find immer noch eine Menge Symbole und Allegorien auf neuern Kunftwerken, wenn auch manchmal fignificant und ausdrucksvoll, dennoch nicht fchön, nicht malbar und gefchmackvoll. So ift z. B. die Allegorie auf alten Münzen weit gefchmackvoller, als auf neuern. S. Klotz Gefch. des Gefchmacks und der Kunft aus Münzen *).
4) In der Natur finden wir nicht das hohe *Idealifche* körperlicher Schönheit, welches der griechifche Künftler zur Bewunderung mei-

*) Ein Beifpiel einer fignificanten, aber nicht fchönen, Allegorie von der Wirkung der Beredfamkeit kommt im Gallifchen Hercules Lucians vor, Bd. 5. S. 281. f. der Wieland. Ueberf. So ift der Somnus varus ein ausdruckvolles, aber kein fchönes Bild von der Kraftlofigkeit des Schlaftrunkenen. — Winkelm. Werk von der Allegorie ift unglücklich gerathen. Eben fo Ramlers allegorifche Perfonen zum Gebrauch der bildenden Künfte. Berlin 1791. 8. welches Werk ganz gefchmacklos ift Die lezte Hälfte der Winkelmannfchen Erläuterung der Gedanken über die Mal- und Bildhauerkunft von S. 132 handelt auch von der Allegorie. Eine der beften hieher gehörigen Abhandlungen ift von Böttiger über moderne und modernifirte Kunftallegorie, im Modejournal, Mai 1796. S. 230 — 243.

meisterhaft ausgedrückt hat. Diefs fchuf und erhöhete feine durch die fchönen Formen der Natur begeifterte Phantafie, aber nicht durch ein Zufammenlefen einzelner fchöner Theile aus der Natur, oder durch Verfammlung und Uebertragung aller einzelnen in der Natur am Manne oder Weibe bemerkten Schönheiten auf einen Gegenftand, wie es im Cic. de Invent. 2, 1. vorgeftellt ift; denn fo würde vielleicht ein Ungeheuer entftehen; fondern durch eine durch die Kraft der Seele felbft erhöhte und veredelte Idee von fchöner Menfchenform, wodurch der weiblichen Form eine Grazie, der männlichen ein edler Anftand und eine hohe Majeftät gegeben wird, wie fich in der Natur nicht findet. So windet fich gleichfam das Ideal von Schönheit aus der Seele des Künftlers felbft los, wie das hohe Ideal vom Weifen, vom Chriften, von Pflicht aus der Seele des Philofophen; beide, ohne von einem ihnen entfprechenden Gegenftande in der Natur abgezogen zu feyn. Hiebei wird jedoch nicht geläugnet, dafs manchem Künftler eine vorzügliche Schönheit der Natur, z. B. feine eigene Geliebte, ein das hohe Ideal veranlaffendes Mufter gewefen, welches er in der Idee erhöhte. So ftellt Cic. im orator c. 2. die Sache richtiger vor, als in der vorher angezogenen Stelle. So entftand warfcheinlich des Praxiteles Gnidifche (nakte) Venus, indem er die Wunderfchöne Form feiner geliebten Phryne erhöhte und veredelte. S. Plinius 34, 19, 10. vergl. 36, 4, 5. So entftand wahrfcheinlich felbft das Ideal des *griechifchen Profils*, d. h. einer Bildung des Geſichts, wo die Stirne mit der Nafe eine ziemlich gleiche und nur mit einem fanften Einbug abweichende Linie bildet, in Verbindung mit grofsen Augen und einer kleinen Stirne; welches *Godfched* ganz ungefchickt zum grofsen Aerger Winkelmanns ein Linealgeficht nannte. Hierzu müffen die Künftler unftreitig die erften Grundlinien in der Natur gefunden und es dann zum Ideal veredelt haben. Denn obwol diefe Bildung bei uns felten ift, fo mag fie doch bei den alten

Grie-

Griechen, obwol nicht gemein, doch etwas gewönlicher gewesen seyn, als in unseren Gegenden.

Fragt man nun, *wodurch wurden gerade die Griechen, und kein anderes Volk der alten und neuern Zeit, auf dieses Idealische in Darstellung der schönen Menschenform gefurt?* so ergiebt sich vielleicht die Antwort aus folgenden kurzen Betrachtungen. 1) Das griechische Volk besafs ein feineres Gefül für das Schöne, Edle und Grofse in der Natur und Kunst. Daher auch die hohe Achtung desselben für körperliche Schönheit, welche nach unserer Denkart gegen die Schönheit und den Adel der Seele für gering geachtet wird. Aber dem Griechen war körperliche Schönheit das erste Gut nach der Gesundheit; er glaubte sogar, dafs ein schöner Körper eine schöne Seele ankündige, sofern jener der Abdruck dieser sei. Die Ursache aber jenes feinen Gefüls des Griechen für Schönheit findet man gewöhnlich in der durch das milde Clima Griechenlands bewirkten feinern Organisation; und auch Winkelmann tritt dieser Meinung bei. Und dafs das Clima allerdings Einflufs auf Genie und Charakter habe, läfst sich nicht läugnen; aber nur mufs man *einmal* nicht blos die Breite oder den Abstand eines Landes vom Pole verstehen, sondern die Natur des Bodens, des Wassers, der Winde, der Schwere und Leichtigkeit, der Wärme und Kälte der Luft, und der Narungsmittel; *sodann* mufs man dabei erwägen, dafs alles diefs mehr Einflufs auf den ursprünglichen Charakter einer Nation habe, der noch nicht durch sittliche Ursachen und mancherlei gesellschaftliche Bedürfnisse verändert worden ist. 2) Besonders aber ist wol das Idealische in der Kunst der Griechen durch den Geist ihrer Dichtkunst, und durch die erhöhten und veredelten menschlichen Gestalten der Götter sehr früh geweckt und befördert worden. Wie die Gottheit bei allen Völkern nichts weiter als ein Aggregat derjenigen, bis zu minderer oder gröfserer Vollkommenheit erhöhten, Vorzüge des menschlichen Geistes ist, welche bereits unter ihnen selbst angetroffen und als solche anerkannt werden; so war es auch mit der Menschengestalt der Götter, die der griechische Künstler veredelte und vervollkommte, sobald seine

Kunst

Kunſt aus der Rohheit herausgegangen war, da hergegen die Götter bei Völkern, deren Phantaſie und Kunſt ſich nie bis zur Schönheit erhob, z B. bei den alten Aegyptiern, Galliern, Scandinaviern, und bei den heutigen Indiern in häſslichen Geſtalten, ja oft nicht einmal in Menſchenform erſcheinen.*) 3) Es gab mehr ſchöne, musculöſe, ausgearbeitete Körper unter den Griechen, als bei vielen andern Völkern; (ein Werk ihrer Erziehungsart durch die Paläſtra und andere Leibesübungen), wie ſie annoch auf den griechiſchen Inſeln häufig angetroffen werden. Die ſchönen und vollkommenen Körper, die man an den Statuen und anderen Kunſtwerken der Alten bewundert, waren alſo nicht blos Erdichtungen der Phantaſie, ſondern der Nation zum Theil eigen. Daher ſie auch ihren Göttern keine beſſere Geſtalt zu geben wuſsten, als die ſchöne menſchliche. Die Körper der Griechiſchen und einiger Aſiatiſchen Völker unterſcheiden ſich überhaupt von den Abendländiſchen durch ein beſſeres Verhältniſs. Man findet auf den Malereien, welche Kopien der Türken und Griechen ſind, alles Reizende, Sanfte, Biegſame, die Leichtigkeit in der Bewegung, das Edle, das man auf Marmorn und geſchnittenen Steinen ſieht. So zeigen z. B. die Croaten, Circaſſier und Georgianer durch Schönheit des Gewächſes, durch leichte und hurtige Bewegung der Glieder im Steigen und Laufen, durch ungezwungenen und edlen Anſtand einen wolausgearbeiteten Körper. *Lippert* in der Vorrede zur Dactyliothek S. 40 ſagt, er habe im ſiebenjährigen Kriege an den Croaten, wenn ſie ſich in der Elbe gebadet, Schönheiten entdeckt, die ſonſt nur dem hohen Stil der Kunſt eigen ſind: ſanfte Muskeln, alles rund; aber nicht feiſt, ſondern ſchlank; eine Biegſamkeit aller Glieder, und wenig Stärke an den Juncturen des Ellbogens, der Hände, der Kniee und

---

*) S. die Mythologie der Indier !bei Baldeus, Sonnerat, W. Jones on the Gods of Greece, Italy and India in den Aſiatik Reſearches Bd. 1. Forſters Anmerkungen zur Sacontala, dem überſezten Ragawädam u. ſ. w. — Dagegen über die griechiſchen Ideale der Gottheiten, wer unter den Alten ſie erfand, und was darauf geleitet, ſ. Heyne in comment. ſociet. Gotting. ad a. 1785. 86. Bd. 8.

und Füfse. Die bei manchen etwas gelbe Haut fei doch weich
gewefen, und habe nicht fo dünne ausgefehen, als wenn fie über
die Knochen und Muskeln gezogen gewefen, fondern habe durch
ihre Dicke alle die fcharfen Vertiefungen ausgefüllt, die bei hef-
tiger Bewegung zu entftehen pflegen, und habe gemacht, dafs
jede Bewegung nur fanfte Einbiegungen gezeigt *). — Der
Grieche hatte auch mehr Gelegenheit, als der neuere Künftler, das Schöne, Nakende ungezwungen und in feinen Kraft-
äufserungen zu fehen, in den Gymnafien, Spielen, Feften,
Bädern, und zwar in den mannichfaltigften, wahrhafteften und
edelften Ständen und Stellungen. So gaben z. B. die Leibesübungen unter Perfonen männlichen und weiblichen Gefchlechts,
wie zu Sparta und Chius infonderheit gefchah, den Künftlern
Gelegenheit genug, nachzubilden, ihre Einbildungskraft mit
fchönen und edlen Bildern, Stellungen und Verfchlingungen
zu befeuern, und diefes Feuer dann mit Griffel, Pinfel oder
Meifel auszudrücken. Auch die Chöre oder Reihentänze muls-
ten ihnen fehr viele edle, natürliche und ungezwungene Stellungen und Bewegungen an die Hand geben. Die Abendlän-
der und andere Völker fehen dagegen das fchöne Nakende
nur felten, und nur etwa dann und wann in Kunftacademien,
und auch da — wie unvollkommen **)! 5) Auch felbft der
beklei-

---

*) Lucians Stelle über die Künfte der griechifchen Weiber fich zu fchmücken
(die Stelle ift überfetzt in Meiners kleinen Schriften Bd. 1. S. 69. f.)
hat dem neuern Verläumder der griechifchen Schönheit, dem von
Pauw in feinen Recherches philofophiques fur les Grecs (Berlin 1787. 2.
Bd. S.) reichen Stoff gegeben, die Reize der Damen von Athen fehr ver-
dächtig zu machen. Mit Pauw ftimmt das, was Brandes in feiner
Schrift über die Weiber, S. 25. folg. fagt, ziemlich überein. Man
findet über diefen Gegenftand intereffante Erläuterungen in von Ramdohr's Urania.

**) Bei den Lydiern und faft bei allen Barbaren (Afiaten), fagt Herodot I,
10. ift es fogar einer Mannsperfon fchimpflich, fich nackend fehen zu
laffen. Daher die Gemalin des Candaules diefen, der fie dem Gyges
nakend gezeigt, durch Gyges ermorden liefs. S. Herodot. Cap. 8 - 12.

bekleidete Körper der Griechen war ein edlerer Gegenstand der Kunst, als der mit französischer Kleidung ausstaffirte Körper der Unsrigen, wenigstens unserer Männer; denn die Kleidung der Frauen dürfte weniger tadelnswerth, weniger geschmacklos seyn. Die griechische Kleidung war schlichter, edler, natürlicher, d. h. sie verdeckte die schöne Menschenform nicht so ganz, liefs hin und wieder einen Theil derselben sichtbar, den wir sorgfältig verstecken, prefste und quetschte die Theile des Körpers nicht zusammen; u. s. w. Wenn daher die griechischen Künstler ihre Figuren auch nicht immer nackend bildeten, so stellten sie dieselben doch immer leichtbekleidet dar, damit kein schöner Theil des Körpers von den Kleidern ganz bedeckt würde, und die Menschheit dadurch immer noch sichtbar hervorschimmerte. Sie sahen, dafs aller erborgte Schmuck und Zierrat die vollkommene Natur nicht verschönern könne. So fand also des griechischen Künstlers an sich schon durch Erziehung gebildeter feinerer Sinn für Schönheit (denn Zeichnen, Musik und Singen, lernte jeder junge Grieche) in seiner Welt mehr Narung für seine Kunst. Man sehe Winkelmann über das schöne Nakende. — Aus jener Gewonheit das schöne Nakende in der Natur mit Kunstsinn zu sehen, kann man sich zum Theil erklären, warum die griechische Kunst in anderer Rücksicht einen freieren Wirkungskreis hatte, als die neuere. Wie der Philosoph unserer Zeit die Fessel fühlt, welche seiner freien Betrachtung über eine der für die Menschheit wichtigsten Lebensscenen, die Verderbnifs cultivirter Zeiten, anlegt, welche jenen für die ernste Betrachtung sehr reichhaltigen Gegenstand zu einem Vorwurfe der Lüsternheit und des mutwilligen Scherzes herabgewürdigt hat: so auch der Künstler. Wo darf er jezt die süsseste Vereinigung zweier Liebenden ausdrücken? Gleichwol ist das Entzücken der Liebe vielleicht einer der höchsten Vorwürfe für alle bildende Kunst. Ardinghello Bd. 2. S. 266 bemerkt ganz richtig, Raphaël habe es nie mit so tiefem Gefül und so heiterer Phantasie ausgedrückt, als der in seinem Leben unberümte hohe *Lombard*, Ariosts Nachbar, in seiner *Jo*; aber die antike kleine Leda, mit der sich Zevs

C als

als Schwan begatte, habe ihm wahrscheinlich Anlafs zu diefer Jdee gegeben. Und man glaube ja nicht, dafs die alten Künftler dergleichen Gegenftände nur immer fpielend und fcherzend behandelt haben. So hält ein alter Faun im Mufeum zu Portici einem jungen weiblichen Gefchöpf einen Phallus mit der ernfteften Mine vor, und zeigt ihr, diefs fei der Erhalter der Menfchheit.

Aus den bisherigen Betrachtungen ergiebt fich zwar, *dafs und warum der neuere Künftler die Antike ftudiren müffe;* nämlich hauptfächlich, um fich auf einem kürzeren Wege von der Natur zum Ideal zu erheben. Indefs hat man bei der Beantwortung der Frage, *wie weit der Künftler die Natur nachahmen oder darftellen müffe*, die Sache auf beiden Seiten übertrieben. So behauptete *Winkelmann*, der Künftler müffe nicht die Natur, fondern die Antiken ftudiren. *Bernini*, der das Antikenftudium zu feinen Zeiten übertrieben fah, forderte dagegen, feine Schüler follten Nachamer der Natur werden. Die Wahrheit liegt auch hier in der Mitte. Natur und Antike müffen fich zur Erziehung eines vollkommenen Meifters die Hand bieten. Die Schönheit der griechifchen Statuen ift rührender, zerftreut den Blick nicht fo auf Nebendinge, wie die Schönheit der Natur, fondern vereinigt ihn mehr in eins und auf die Hauptfache, und erhält ihn rein von Regungen der Luft. Was der Künftler aus der Antike fich anzueignen habe, ift bereits erinnert worden; aber er foll dabei das Studium der Natur nicht vergeffen, damit er Einförmigkeit vermeide, — damit er nicht immer nur Schönheit in Leidenfchaftfreier Ruhe darftelle, — damit er Mannichfaltigkeit in richtiger Darftellung der Leidenfchaft erlerne; zu Erlernung herabgeftimmter und veredelter Darftellung derfelben wird ihn die Antike leiten; — damit er endlich, wenn er als Maler immer nur nach antiken Statuen zeichnet, (denn Gemälde der Alten find nur aus der fchlechteren Zeit der Kunft vorhanden) nicht den Charakter beider Künfte verwechsle, und feine Gemälde im Stil der Bildhauerei verfertige, wodurch die Formen etwas Feiftes erhalten; wie folches bei *Pouffin* der Fall war.

Fragt

Fragt man endlich nach den *äufsern Antrieben und Wirkungen von Seiten des Staats zum schnellen Aufblühen und der hohen Vervollkommnung griechischer Kunst*; so sucht man diese theils in der Freiheit *), der Erweckerin und Pflegerin des Genies, welches durch sie nur im vollen Gebrauche seiner Kraft zum hohen Fluge emporstrebe; theils in der hohen Schäzung und anständigen Belonung der Künstler; theils in Belonung des Verdienstes um Staat und Mitbürger im Frieden und Kriege, oder um die Wissenschaften, durch Monumente, an öffentlichen Orten aufgestellt; so dafs also der griechische Künstler mehr für seine Nation und deren Thaten arbeitete, wenn dagegen der neuere Künstler meistens nur für Privatleute und ihre Liebhaberei arbeitet. Jene Monumente sah man in vielen Städten Griechenlands in Menge; an allen öffentlichen Pläzen und Gebäuden der Geschäfte und des Vergnügens waren, statt aller weitläuftigen Inschriften, Statuen, halberhobene Figuren, Säulen, Büsten, Gemälde angebracht, welche sogleich die Bestimmung des Gebäudes dem Anschauer verständlich machten, z. B. ein Triton oder eine Nereïde vor einem Badehause; eine Herme, ein Ringer oder ein Symplegma (eine Gruppe von Ringern) vor einem Gymnasium. Und der junge männliche, unter diesen Denkmalen umherwandelnde Grieche, in welchem ein Funken Genies und ed-

*) Man sezt den Republicanismus bei Aufzählung der Ursachen von der Blüte der Künste und Wissenschaften unstreitig zu hoch an; wobei eine Vermischung der Begriffe zum Grunde zu liegen scheint.. Er erzeugt erhabenere Bürgertugenden und Thaten, als manche andere Regierungsform.; aber Aufklärung und Wissenschaften können überall blühen, wo Denk- und Schreibfreiheit herrscht, und wo sie geschäzt werden; Künste können sich überall erheben, wo ihre Werke gesucht und belohnt werden. Und dafs beides in der Monarchie eben sowol Statt finden könne, lehrt die Geschichte. Wenn das Stillleben des Künstlers und Gelehrten kein äuseres Hindernifs oder Uebel drückt, so treibt er sein Tagewerk zur Ausbildung und Verbreitung seiner Kunst und Wissenschaft; seine Obrigkeit heifse Monarch, odet Aristocrat, oder Volkssenat.

edlen Gefüls glimmte, — wie hätte er nicht eben so mit hoher Begeisterung zu Erschaffung ähnlicher Meisterwerke entflammt werden sollen, als andere seiner Mitbürger mit einem die Gründe des Herzens erschütternden Patriotismus zu Verrichtung so edler Thaten, zu Erringung so hoher Verdienste hingerissen wurden, zu deren Verewigung man jene Werke errichtet hatte *). — Hiezu kommt: bei den Alten wurde fast jede Freude, jeder Genuss des Lebens durch die bildenden Künste verschönert. So schenkte man sich z. B. an festlichen Tagen der Geburt, der Hochzeit, des Neujahrs und anderen, schöne Vasen, bronzene und andere Statuen, Gemälde der Rhyparographen d. h. Frucht- und Küchenstücke, u. s. w. Dadurch ward diesen Künsten der weite Spielraum und die belonende Aufmunterung gegeben, ohne welche sie höchstens nur Dienerinnen des Reichthums und der Sinnenlust, nie aber Woltäterinnen, Lehrerinnen und Miterzieherinnen aller Volksclassen in einem Staate werden können **).

III.

*) **Polybius** macht bei Erwänung der von den Römern aus Sicilien geraubten Kunstwerke die Bemerkung: Gold möge der Sieger aus dem eroberten Lande mit sich fortfüren, aber nicht eben so — öffentliche Kunstwerke, weil der Raub dieser in den Gemütern der des schönen Anblicks derselben gewohnten und dadurch mit edlen und grosen Empfindungen stets erfüllten Besiegten einen lebhaften und dauerhaften Hass gegen die Eroberer zurücklasse, der bei der ersten Gelegenheit in Empörung ausbreche. — Als hingegen der Kaiser Julianus den Alexandrinern einen Obelisk für Constantinopel abschwazen wollte, den schon Constantius dahin hatte wollen abführen lassen; so bediente er sich unter andern auch des der Polybianischen Bemerkung gerade entgegenstehenden Grundes: die Alexandriner würden sich, so oft sie nach Constantinopel schifften, herzlich freuen, ihren Obelisk wieder zu sehen. S. Juliani epist. I. in Muratorii Anecdota graeca S. 326.

) S. **Boetliger's antiquarische Aufsäze im Modejournal, Jänner 1796. no. 1 und 2. Junius 1792. no. 2. Jänner 1795. no. 1. April 1795. no. 1. — Uebrigens von den Ursachen der Aufname und Vollkommenheit der griechischen Kunst s. Winkelm. Gesch. der Kunst S. 221—240. Wiener Ausg.

III. Welches find die Hülfsmittel zur Erlernung der Archaeologie?

Die ficherften und gründlichften find die *alten Schriftfteller* und *Kunftwerke*. Nur freilich haben jene die Kunftwerke und die Theorie und Gefchichte der gefammten Kunft und aller einzelnen Theile derfelben noch nicht behandelt, und ift daher das tiefer eingehende und zufammenhangende Studium diefer Wiffenfchaft der Kunft und ihrer Gefchichte als eine Erfindung und Verdienft neuerer Zeiten anzufehen, obwol es bei weiten nicht diejenige Vollkommenheit erreicht hat, deren es noch fähig ift. Vor allem müfsten die in allen alten Schriftftellern zerftreuten Begriffe und Notizen von Kunft, Kunftgefchichte und Kunftwerken als Materialien mit den eigenen Worten der Schriftfteller gefammelt und planmäfsig zufammen geordnet werden, um alles aus dem allgemeinen Schiffbruche der alten Literatur in diefer Art Gerettete zu überfehen, und dann daraus ein fo vollkommenes Werk auszuarbeiten, als es nur noch möglich ift. Denn über viele Punkte diefer Wiffenfchaft, z. B. über die Kunft in dem alten Grofsgriechenland, ift noch viel Dunkelheit verbreitet. — Die zwei einzigen noch übrigen alten Schriftfteller, welche ex profeffo von Kunft und Kunftfachen handeln, find Paufanias und Plinius. — *Paufanias* in feiner Kunftreife durch Griechenland, ein Grammatiker, welcher unter Hadrian und den Antoninen gelebt. Die Befchreibung der Kunftwerke ift nach den Landfchaften geordnet. Das Literarifche von ihm und den Ausgaben feines Werks fehe man bei den Literatoren nach. Künftler mögen fich mit *Goldhagens* deutfcher Ueberfezung begnügen. Hier gehet uns nur an, was in Rückficht der Erläuterung feiner Nachrichten von Kunft und Kunftwerken von Gelehrten beigetragen ift. *Heyne* hat hier viel geleiftet, in mehreren Abhandlungen feiner antiquarifchen Auffäze z. B. über den Thron des Apollo Amyclaeus Bd. 1. S. 1 — 114. Ingleichen in der Vorlefung: über den Kaften des Cypfelus, ein altes Kunftwerk zu Olympia

mit

mit erhabenen Figuren, nach dem Paufanias, Goettingen 1770. 8
Caylus Befchreibung zweier Gemälde beim Paufanias in den Mem.
de l'Acad. des Infer. Bd. 27. S. 34. f. deutfch in *Meufels* Ueberfezung von Caylus Abhandlungen zur Gefchichte und Kunft Bd. 2.
S. 243. f. *Volckel* und *Siebenkees* haben antiquarifche Verfuche
über den Tempel und die Bildfäule des Jupiter zu Olympia ge-
liefert. Jener geht tiefer ins Architektonifche hinein; diefer ift
ausfürlicher im Antiquarifchen. Ueberhaupt gehören die Befchreibungen des Paufanias vom *Throne des Apollo zu Amyclae,
vom Kaften des Cypfelus, von den Gemälden des Polygnotus* in der
Lefche zu Delphi, *vom Tempel und Jupiter zu Olympia* — unter
die lehrreichften Nachrichten von den früheften Kunftideen der
Griechen, über welche erft durch nähere Betrachtung jener Werke deutlichere und richtigere Begriffe in unfern Zeiten gegeben
find. — Einen Auszug zur Kunftgefchichte aus Paufanias (denn
diefer hat im Gefchmacke feiner Zeit und der fpäteren Sophiften
feine Kunftreife mit vielen fremden Dingen verbrämt) hat gemacht der Ritter *Price* an account of the Statues, pictures and
temples in Greece, translated from the greec of Paufan. London
1780; aber ohne Kunft — Altertums — und Sprachkenntnifs.
Diefs an fich gute Unternehmen würde alfo noch von einem andern fähigen Manne auszufüren fein. *Amaduzzi* in Rom foll,
wie man fagt, an einer Ausgabe des griechifchen Paufanias arbeiten, zu welcher Kupfertafeln kommen follen, welche die vom
Paufanias genannten Denkmäler erläutern.

Plinius in den vier lezten Büchern feiner hiftoria naturalis
handelt auch von den Künften, der Kunft- und Künftlergefchichte.
Er ift in Aufzeichnung der Maler und Gemälde weit ausführli-
cher als Paufanias, weil zu des lezten Zeit die Römer längft eine
Menge Kunftwerke, und unter diefen, aus einem gröfsern Pen-
chant*) für Gemälde, weit mehr von diefen, als von andern Kunftwerken

---

*) Diefer Grund ift wahrfcheinlicher, als der, dafs fie der Statuen weniger ge-
nommen, weil der Raub diefer für irreligiös und für eine Art von Tem-
pel-

werken aus Griechenland weggefürt hatten, Plinius aber fchrieb, als diefe fich bereits in Rom befanden. Von *Heyne* erwartet man eine ausfürlichere Erläuterung der Kunftbücher des Plinius. In deffen *antiquarifchen Auffazen* ftehen fchon einige dahin einfchlagende Abhandlungen, nämlich Bd. 1, S. 165 — 235 über die Künftlerepochen beim Plinius, Bd. 2. S. 76 — 126. von den Schriftftellern, denen Plinius in feiner Kunftgefchichte folgt; Bd. 2. S. 127 — 148 von der Toreutik, infonderheit beim Plinius. *Heyne* hat auch Excerpta ex Plinii H. Nat., quae ad artes fpectant, Göttingen 1790, in einem in Lesart und Interpunction berichtigten Texte und mit zweckmäfsiger Abtheilung der Abfchnitte herausgegeben. — *Falconet's* oeuvres, die zu Laufanne edirt find, enthalten im dritten und vierten Bde Ueberfezung, Anmerkungen, Widerlegungen und Berichtigungen der Kunftbücher des Plinius, nämlich des 34. 35. und 36ften.

Aufserdem gehört hierher die *vierte Verrine des Cicero* von den durch Verres in Sicilien geraubten Statuen und andern Kunftwerken. *Fraguier* de la Gallerie de Verres in den Mem. de l'Acad. des Infcr. Bd. 9. hat aus derfelben die Data zur Kunftgefchichte ausgezogen.

Vom *Philoftratus*, einem Sophiften unter Septimius Seuerus, haben wir eine Befchreibung einer Bildergallerie von 66 Gemälden zu Neapel. Auch von feinem Neffen, Philoftratus dem jüngern, haben wir eine Befchreibung von Gemälden. *Heyne* hat bereits in vier Programmen 26 Gemäldefchilderungen des älteren fo behandelt, dafs er das, was Kunftwerk und Kunftbehandlung darin ift, ausgehoben, und, von der rhetorifch gefchminkten Declamation gereinigt, vorgetragen hat.

Bevor wir nun die neuern Schriften über die Archaeologie der Kunft angeben, fcheint es, um einen feftern Punct der Beurthei-

---

pelraub geachtet ward. Denn fo wahr diefs auch ift, (f. Cic. Verr. 2, 1, 65.) fo kehrt fich doch der räuberifche Krieger nicht daran. Zu Plinius Zeit verdrängte jedoch die Neigung für Marmor und Gold den Gefchmack an Gemälden. Er klagt darüber 35, 1.

urtheilung derselben zu haben, nothwendig, vorher die Geschichte der Archaeologie, oder den Gang, welchen das Studium dieser Wiſſenſchaft in den neuern Zeiten genommen hat, in einigen flüchtigen Zügen zu entwerfen, wodurch zugleich die Geschichte der Schriftſteller berürt wird, welche jene Wiſſenſchaft bearbeitet haben. Im Ganzen iſt nicht zu läugnen, daſs ſchon die Alten ſich mit dieſer Wiſſenſchaft beſchäftigt haben, indem ſie ſowol Kunſtwerke beſchrieben, wie Pauſanias, und Philoſtratus, als auch Theorien über einige Zweige der ſchönen Kunſt ſchrieben; allein im Zuſammenhange und nach einem ſyſtematiſchen Plane haben ſie die Kunſtwerke und die Theorie und Geſchichte der geſammten Kunſt noch nicht behandelt, und iſt daher das tiefer eingehende und zuſammenhangende Studium dieſer Wiſſenſchaft als eine Erfindung und Verdienſt neuerer Zeiten anzuſehen, obwol es bei weiten noch nicht diejenige Vollkommenheit erreicht hat, derer es noch fähig iſt.

Den erſten Grund zum Studium der Archaeologie in neuern Zeiten legten *Dante*, *Petrarca* und andere Wiederherſteller der Wiſſenſchaften, welche die in den Klöſtern vergrabenen Handſchriften der alten griechiſchen und römiſchen Schriftſteller ans Licht zogen. Das Studium dieſer Schriften richtete den Blick auf die Ueberreſte der alten Monumente, und veranlaſste häufiges Nachgraben nach denſelben. In ſchriftlicher Bearbeitung dieſes Faches fing man jedoch zuerſt, nach Wiederherſtellung der Literatur, mit der *Topographie Roms* an *). Man ſchränkte ſich bald darauf ein, die *alten Inſchriften* oder Steinſchriften aufzuſuchen und zu erklären. Dieſe waren lange Zeit die einzige Beſchäftigung der Gelehrten. Andere beſchäftigten ſich mit den *Anticaglie* d. h. mit dem kleinen Plunder des Alterthums, mit alten Gefäſsen, Geräthen, kleinen Idolen, Schlüſſeln u. ſ. w.

oder

---

*) Im 1. Bde. der Sallengreſchen Supplemente zu Graevii Theſaur. ant. Rom. ſtehen dieſe Schriften über die Topographie Roms.

oder mit alten Gebräuchen *). — Und als auch fchon mehrere gröfsere Antiken entdeckt waren, fchrieben die Italienifchen Gelehrten doch nicht über diefe, nicht über Laocoon, Apollo, Venus und Niobe; fondern Abhandlungen über geringfügige kleine Figuren, Bronzen, und Idole befchäftigten fie. Der Gefchmack an der alten Münzkunde ward erft im fechszehnten Jahrhundert, hauptfächlich durch die Bearbeitung der Holländer, erregt. Auch fiengen die Gelehrten bald an die Gemmen und Statuen zu unterfuchen. Indefs da nur Gelehrte über alte Kunftwerke fchrieben, welche oft noch kaum ein Gefül oder einen Begriff von Kunft, von Kunfterfindung, Behandlung und Ausfürung hatten, und deren Aufmerkfamkeit folglich die Kraft des Genies oder die Erhabenheit und der Adel des Gefüls, der fich an jenen Meifterwerken offenbaret, noch nicht zu feffeln vermochte; fo kam ihnen alles darauf an, in ihren archaeologifchen Werken die bald in zalreicher Menge, mit Abbildungen von den Antiken ausgeftattet, erfchienen, einen mythologifchen oder hiftorifchen Umftand, — einen noch unbekannten oder weniger bekannten Gebrauch oder Ceremonie, — oder eine Stelle eines alten Schriftftellers aus dem alten Kunftwerke heraus oder auch wol hinein zu erklären. Aber die Rückficht auf Kunft an fich war von diefen Unterfuchungen noch fern.

Einen edlern Gebrauch machten die *Künftler Italiens* fchon früh von den Kunftfchäzen des Altertums. Sie fiengen fchon im vierzehnten Jahrhundert an über die Theorie der Malerei zu urtheilen, dazu veranlafst durch die Entdekungen mehrer alten Denkmäler, Bäder, Grabmäler, Thermen, und infonderheit jener fieben, von den Italienern die *sette celle* genannten, Gewölbe, in deren einem man den Laocoon und mehre Frescogemälde ent-

---

*) Jacob Martorelli, zu Neapel, befchrieb noch zu Winkelmanns Zeit ein altes ehernes Dintenfafs aus Portici: de regia theca calamaria, auf 800 Seiten in 4to. f. Winkelm. Briefe Bd. 2. S. 14. 30.

entdeckte. Dem Studium diefer Denkmäler verdankten die
grofsen Maler jener und der folgenden Zeit ihren Ruhm; und
die Grundfäze, welche fie daraus fchöpften, haben fich bis
auf unfere Zeit fortgepflanzt *).

Die beffere Behandlung der alten Denkmäler als Werke
der fchönen Kunft, die Erklärung derfelben in dem Geifte
der Schöpfer derfelben war unferem Jahrhunderte, und den
grofsen Männern deffelben, *Caylus* und *Winkelmann*, vorbehal-
ten, in deren Fufsftapfen, zum Theil mit noch mehr hiftori-
fcher Gelehrfamkeit und einer ruhigern Critik, ein *Mengs*,
Sulzer, *Heyne*, *Visconti*, eintraten, und in welchen ein *Millin*
und *Böttiger* fortwandeln.

Graf *Caylus* in Frankreich eröfnete kurz vor Winkelmann die Laufbahn des befferen Studiums der Antiken. Er
befafs genauere und tiefere Kenntnifs der Künfte felbft, des
mechanifchen Kunftverfahrens und der Kunftbehandlung, als
Winkelmann; er zeichnete und radierte felbft treflich: aber
in gelehrter Altertumskunde und im Umfange claffifcher Gelehrfamkeit ftand er Winkelmann nach. Caylus fchilderte auch
mehr kleinere Werke, Winkelmann weilte dagegen mehr bei
den grofsen Denkmälern des Altertums **).

Winkelmann erweiterte die von Caylus eröfnete Lauf-
ban, ohne fie jedoch zu fchliefsen. Er dachte zuerft bei
Be-

---

*) S. Martini Excurf. 1. zu Érnefti Archaeol. literaria S. 110. — Jene Ge-
wölbe, die fette Celle, find nachher fo vernachläfsigt worden, dafs man
heut zu Tage felbft die Stätte derfelben nicht mehr kennt; aber die
herrlichen noch fortblühenden Früchte ihrer Entdeckung wird die Zeit
nicht zerftören — Befonders Raphaël und Mich. Angelo bildeten fich
nach jenen Denkmälern, und infonderheit der erfte ahmte in feinen
Compofitionen eine grofse Anzahl von Cameen und Statuen nach. Daher
unftreitig die Verläumdung: er habe mehrere alte Kunftwerke vernich-
tet, um die Entftehung der Originale zu mehreren feiner Figuren den
Zeitgenoffen und der Nachwelt aus den Augen zu rücken.

**) Ein in Winkelmanns Schriften unerwartetes Lob des Grafen Caylus
fteht in deffen Briefen Bd. 2. S. 71.

Betrachtung und Erklärung alter Kunſtwerke auf Künſtlererfindung, Künſtlerbehandlung und ſchöne Ausfürung. Er leitete, wie *Heyne* ſagt, das Studium der Antiken in ſeinen rechten Canal ein, in das Studium der Kunſt. Die Aufmerkſamkeit der Antiquarier ward nun mehr auf die Kunſt und Schönheit der Idee und der Ausfürung derſelben, mehr auf das Ganze und den Umfang der Kunſt geleitet, ſo daſs nun der kleine antiquariſche Plunder die Aufmerkſamkeit nicht mehr ſo ſehr auf ſich zog. Die Begeiſterung, womit er die idealiſchen Schönheiten eines Laocoon, Apollo, Torſo u. ſ. w. ſchilderte, entflammte junge Gemüter zum Gefül des Schönen.

Auch *Hagedorn*, *Lippert* und *Sulzer* gehören zunächſt nach Winkelmann unter die grofsen Beförderer der Künſte und alſo auch des Studiums der alten Kunſt. *Hagedorns* Eifer für die ſchönen Künſte und Wiſſenſchaften war ſo grofs, daſs er ihn ordentlich verzehrte, wie ſich *Weiſſe* einmal in einem Briefe an *Klotz* ausdrückt. *Sulzer* verbreitete durch ſeine Theorie der ſchönen Wiſſenſchaften und Künſte, Neigung für Kunſt und Antike, beſonders unter den höhern Ständen, für welche ein ſyſtematiſcher Unterricht nicht geeignet iſt. Und *Lippert* *) hat durch ſeine Dactyliothek nicht nur das Gemmenſtudium in Deutſchland geweckt, ſondern überhaupt die Begriffe von Kunſt und Schönheit und die alte Künſtlerfabel ungleich mehr verbreitet und das ganze Studium der Antiken erleichtert. Denn 1) grofse Sammlungen von Antiken zu ſehen glückt wenigen; nicht jeder kann nach Florenz, Rom und Neapel reiſen. Männer auf Landgütern haben auch nicht einmal Gelegenheit Kupferwerke und Abgüſſe zu benuzen. 2) Durch dieſe Abdrücke ſind Gelehrte und Liebhaber in den Stand geſetzt, die Schönheit alter Gemmen richtiger und genauer,

---

*) Er war eigentlich urſprünglich ein Glaſergeſelle und hatte ſich durch eigenes Studium zum Kunſtkenner und Künſtler emporgearbeitet. Etwas weniger Eigenſinn und Heftigkeit ſeines Charakters würde ihn noch unweit mehr haben wirken laſſen.

nauer, als es durch Kupfer gefchehen kann, einzufehen
3) Auf den Gemmen ift die gröfste Mannigfaltigkeit von Ideen
der alten Künftler zu finden; und Künftlerfabel läfst fich voll-
kommen aus denfelben erläutern: der ganze Umfang derfelben
ift darauf anzutreffen. Auch hat fich keine Gattung der Kunftwerke in fo grofser Anzal erhalten.

Nach *Caylus*, *Winkelmann*, *Lippert* fieng man nun auch an
die Archaeologie auf deutfchen Univerfitäten methodifch zu behandeln, und Vorlefungen darüber zu halten. Die Sache nahm
in Compendien und Vorlefungen faft einen ähnlichen Gang, den
fie vorher unter den Händen der Antiquare von der Reftauration
der Wiffenfchaften und Künfte her bis auf Caylus und Winkelmann genommen hatte. Wie Alexander *Baumgarten* zu Frank-
furt an der Oder, auf deutfchen Univerfitäten der erfte war, der
die Aefthetik methodifch behandelte, und Vorlefungen darüber
hielt; fo war *Chrift* zu Leipzig in Rückficht auf Archaeologie der
erfte. Aber er ging von dem Punkte aus, dafs die Abficht der
Künfte fei, das Andenken vergangener Begebenheiten auf die
Nachwelt zu bringen, und dafs folglich die alten Kunftwerke hiftorifche Denkmäler feien. Daher machte er die Archaeologie zu
einem Stück der Literatur, fteckte ihre Grenzen zu weit ab, und
zog fehr ungleichartige Wiffenfchaften in ihren Bezirk zufammen.
Ernefti, der fich erft nach Chrift's Tode mit der alten Kunft zu
befchäftigen anfing, trat gerade in deffen Fufsftapfen, und
fchränkte feinen Vortrag auf das ein, was ein Humanift von jenen Dingen zu wiffen brauche, um die Stellen der Alten zu verftehen, worin etwas von Kunft und Kunftfachen vorkommt oder
beiläufig berührt wird. Die archaeologifchen Vorträge eines
Gelehrten, worin auf die eigentliche Kunft Hinficht genommen
werde, hielt er fogar für zweckwidrig. Denn feine Archaeologia literaria ift nach Chrift's Plane verfafst, wie man aus Chrift's
von Zeune herausgegebenen Vorlefungen erfichet. Beide gien-
gen alfo von Schrifterfindung aus, handelten dann von den Marmorn, Steinen, Metallen, Elfenbein, Holzarten; aber alles nur
mit kurzer Nomenclatur. Dann folgte die Lehre von den alten

Hand-

Handfchriften, Steinfchriften, Diplomen, (Epigraphik); aber alles nur literarifch. Und eben fo auch endlich von der Bildnerei, (Toreutik und Plaftik) Malerei und Baukunft der Alten. Allein 1) dadurch werden viele ganz heterogene und zu befondern Wiffenfchaften gediehene Theile in eine Wiffenfchaft zufammengefafst, deren Vortrag dann entweder eine ermüdende Ausdenung erhält, oder nur die Oberfläche von allem berürt, durchaus aber von dem Wefen und Geifte der alten fchönen Kunft, abfürt. Die Lehren von der Schrifterfindung, von alten Handfchriften, Urkunden machen offenbar eine oder mehrere befondere Wiffenfchaften aus, die man die *literarifche Archaeologie* oder beffer *die Archaeologie der Literatur* nennen mag. Und eben fo die Münzkunde, welche nur zu einem Theile in der Archaeologie der Kunft aufgenommen zu werden verdient, nämlich foweit fie die griechifchen Münzen betrift, welche einzig in Abficht auf Schönheit der Zeichnung und Darftellung in Betrachtung kommen, 2) Wird durch diefe Vermifchung der Materien alle Kenntnifs der eigentlichen Kunft ausgefchloffen. Was Hauptfache in der Archaeologie der Kunft fein follte, die Kunftgefchichte, die Künftlergefchichte, Verzeichnung der vorzüglichften vorhandenen Werke der alten Kunft, Beftimmung ihres Werthes, Geift, Sinn, Erklärung derfelben — wird dann entweder ganz ausgefchloffen, oder nur beiläufig und oberflächlich mitgenommen *).

Die

*) Martini in feiner Ausgabe der Erneftifchen Archaeologie, und in feinen Vorlefungen darüber befolgt denfelben Plan, ungeachtet er das Fehlerhafte deffelben einfieht. Er befchäftigt fich in vielen der 22 Excurfe zur Erneft. Archaeol. mit den Materialien, worin und worauf Kunftwerke gearbeitet wurden, z. B. er giebt lange Excurfe über Erfindung der Schrift, über die erften Schreibmaterialien, über die Marmor nach Färber, über die Edelfteine nach Brückmann, über die Ausprägung der erften Münzen. Wichtig ift ein Excurs über den Nuzen der alten Münzen für die Kunft zur Vergleichung der Figuren der Götter, berümter Männer u. f. w.

Die *Methode* in Vorlefungen anlangend, fo bleibt es auch bei der Trennung jener Archaeologie der Literatur von der eigentlichen Archaeologie der Kunft, immer noch fchwer, der Regel der Zweckmäfsigkeit bei lezter überall zu folgen, da die Zuhörer merentheils aus folchen, welche Gelehrte von Metier werden wollen, und folchen, welche die Wiffenfchaft als Liebhaber und zur allgemeinen Bildung treiben, gemifcht find. Weder der hiftorifch-literarifche Theil, noch der äfthetifche darf hiebei ausfchliefsend behandelt werden. Denn Kunftliebhaber, die nicht blofs Schwäzer werden wollen, müffen das hiftorifche und literarifche der fchönen Altertumskunde eben fo wenig vernachläfsigen, als junge Gelehrte den äfthetifchen Theil d. h. die Kenntnifs und Beurtheilung des Schönen, Edlen und Grofsen in Erfindung und Ausfürung, wenn fie anders den reelleften Vortheil der fchönen Altertumskunde, die Bildung des Gefchmacks, die Schärfung der Urtheilskraft und die Erweckung der feinern Gefüle des Schönen und Edlen, und alfo den Genufs den die edlern Sinne und die Phantafie dem Herzen geben, daraus ziehen wollen.

Archaeologifche Literatur.

Nach diefer kurzen Ueberficht des Ganges der Methode in Behandlung der Archaeologie feit der Palingenefie der Wiffenfchaften in den Abendländern, komme ich auf die allgemeinen Schriften, aus welchen die Archaeologie erlernt werden kann. Denn die Schriften über die einzelnen Capitel und Abfchnitte der Archaeologie gehören nicht hieher, fondern in die Abhandlung diefer.

Die Literatur einzelner Theile der Archaeologie haben bereits einige Gelehrte gegeben, z. B. *Banduri*, *Labbé* und *Hirfch* in ihren numismatifchen Bibliotheken und *Mariette* in der Daktyliographifchen; aber eine allgemeine Literatur der Archaeologie befizen wir, meines Wiffens, noch nicht; ich werde daher folche in meiner Literatur der Philologie fo vollftändig, als es mir in meiner Lage möglich ift, zu geben bemüht

müht fein. Indeffen will ich einige *Werke* anzeigen, *aus welchen Archaeologifche Bücherkunde gefchopft werden kann.*

Johann Albert *Fabricius* hatte fchon 1709 den Vorfaz eine eigne Archaeologifche Literatur herauszugeben. Seiner Ausgabe von *Voigt* über die alten Altäre der Chriften, fügte er ein kurzes Verzeichnifs von Werken diefer Art bei, und gab es nachher vermehrt unter dem Titel Bibliotheca antiquaria, Hamburg 1713. 4. heraus. Die zweite Ausgabe mit Zufäzen erfchien 1716; und eine dritte 1760 durch Paul *Schafshaufen*. Nach Zufammenftellung der Schriften über die jüdifchen und chriftlichen Altertümer, wird hier ein doppeltes Verzeichnifs über die in des grofsen Thefauren der Röm. Antiquit. von *Graevius* und der Griechifchen von *Gronovius*, und in den Supplementen des *Polenus* und *Sallengre* enthaltenen Abhandlungen, worunter auch fehr viele Archaeologifche find gegeben; nämlich eins nach der Folge der Abhandlungen in jedem Bande, und ein Alphabetifches. Dann folgt eine Anzeige von Werken über Geographie und Gefchichte; endlich ein Verzeichnifs einzelner Abhandlungen über verfchiedene antiquarifche Gegenftände. Das Fehlerhafte der Methode in diefem Werke wird durch ein doppeltes Regifter über die Materie und über die Verfaffer vergütet.

Methodifcher ift die *Bibliotheca Bünaviana*, durch den Bibliothecar des Grafen von Bünau, Joh. Mich. *Franke* beforgt, 7 Bde, worin auch viele antiquarifche Werke verzeichnet find. — Ingleichen die Bibliothec historica von *Meufel*, in den erften 5 Bd. enthält die Anzeige einer Menge von Büchern über die Jüdifchen, Aegyptifchen, Griechifchen und Römifchen Antiquitäten, oft mit Beifügung kurzer Notizen und Beurtheilungen. — *Oberlin* hat feinen, orbis antiqui monumentis fuis illuftrati primae lineae, Strafsburg 1776. und 2te Ausg. 1790, ein alphabetifches Verzeichnifs von antiquarifchen Werken und Abhandlungen angehängt. — Weit unvollftändiger ift das Verzeichnifs derfelben an der Wiener Ausgabe der Winkelmannifchen Kunftgefchichte, weil diefs nur diejenigen Schriften enthält, welche Winkelmann in diefer benuzt und angefürt hat. —

Schrif-

Schriften über die Archaeologie.

In den Schriften über die Archaeologie ift man *entweder* der in den fogenannten Antiquitäten gewöhnlichen Anordnung gefolgt, — *oder* man hat fich der analytifchen Methode bedient, — *oder* der chronologifchen in Verbindung mit der analytifchen, — *oder* der chronologifchen allein — *oder* der geographifchen, — *oder* der alphabetifchen. — *Einige* haben auch Mufea, — *oder* einzelne Claffen von Antiken, — *oder* einzelne antike Kunftwerke in Abbildungen gegeben und befchrieben.

1) Der in den fogenannten Antiquitäten gewöhnlichen Anordnung der Materien, ift gefolgt *Montfaucon* antiquité expliquée, 10 Bde. und 5 Bde. Supplemente. Er hat fich vorzüglich nur darauf eingefchränkt, die Sitten und Gebräuche der Alten, aus den nach jenem Syftem claffificirten Denkmälern zu erläutern. Wegen der Menge Antiken, welche er liefert, von welchen fogar öfters die Originale verloren gegangen find, bleibt diefe Sammlung immer fchäzbar; ungeachtet der Verfaffer die Denkmäler nicht immer mit kritifcher Prüfung aufgenommen hat, und oft durch ungetreue Kopien getäufcht worden ift*). Aus den fchlechten Erläuterungen, welche er beifügt, mufs man fchliefsen, dafs er weder gelehrter, noch philofophifcher Kenner des Altertums war. — *Schaz*, Profeffor zu Strafsburg, hat einen Auszug daraus in deutfcher und nachher auch in lateinifcher Sprache mit 110 Kupfertafeln gemacht. — Eine neue Auflage von

---

*) In dem vortreflichen Kunftcabinet der Abtei St. Germain zu Paris, welches durch eine Feuersbrunft im Fructidor des dritten Jahrs der Franken-Republik (1795) zerftört ward, befanden fich mehrere von den in Montfaucon's antiquité expliquée befchriebenen Stücken. — Schon vor der Herausgabe der antiquité expliquée war von Montfaucon die defcription des monuments de la Monarchie françoife, 5 Bde. fol. erfchienen. Auch findet fich in feiner Palaeographia graeca, und in feiner Voyage d'Italie viel wichtiges über Altertümer und alte Handfchriften. — Sein Elogium von de Boza fteht in den Mem. de l'Acad. des belles lettr. Bd. 16., und in der Hiftoire literaire de la congregation de St. Maur.

von Montfaucon's Werke mit Verzeichnung und Erklärung der nach deſſen Tode in groſser Anzal entdeckten Altertümer iſt wol mehr zu wünſchen, als zu erwarten. — Die vorzüglichſten antiken Statuen, Reliefs u. ſ. w. findet man auch in *Sandrart's* deutſcher Kunſtacademie, (Nürnberg 2 Bde, 1675. Fol.) dem erſten Werke *der* Art, das in Deutſchland unternommen iſt; nur Schade, daſs die Kupfer in der Volkmanniſchen Ausgabe Nürnberg 1769-75. 8 Bde. fol. ſehr ſchlecht gerathen ſind; ingleichen in *Roſſi* raccolta di ſtatue antiche e moderne con le ſpoſiz. di *Maffei* Rom 1704. Fol.; wozu noch eine *nuova Raccolta* gekommen.

Der *analytiſchen Methode* haben ſich in der Archaeologie diejenigen bedient, welche über die alten Kunſtwerke nach den verſchiedenen Abtheilungen und Claſſen derſelben geſchrieben haben. Der älteſte iſt *Baudelot de Dairval* de l'utilité des voyages mit vielen Abbildungen. Paris 1686. 2 Bde. 12. ebend. 1693. 12. nachgedruckt Rouen 1727. 8. Leztere Ausgabe iſt die beſte. Er ſpricht darin in einer fehlerhaften Ordnung von der Unterſuchung der alten Münzen, nachher der Inſcriptionen, Statuen, Malereien, Architectur, Gemmen, Manuſcripte, endlich wiederum von den alten Münzen. Von den Medaillen und geſchnittenen Steinen kommt das Meiſte darin vor. Auch ſind darin viele Anmerkungen für Reiſende enthalten. S. Millin allgem. Einleitung in das Studium der alten Kunſtdenkmäler S. 65 — 67. der deutſchen Ueberſezung. — Methodiſch geordneter iſt Jo. Aug. *Erneſti* Archaeologia literaria, Leipzig 1768; wieder herausgegeben von Ge. Heinr. Martini, Rector an der Nicolai-Schule zu Leipzig 1790, mit 22 Excurſen. Von beiden Ausgaben iſt bereits oben geſprochen. — Derſelben Anleitung folgt Ge. Heinr. *Martini* in ſeinen academiſchen Vorleſungen über die Literar-Archaeologie, nach Anleitung des Erneſtiſchen Lehrbuchs; welche ein Zuhörer Martini's aus einem nachgeſchriebenen Hefte, Altenburg 1796. 8. nach deſſen Tode herausgegeben hat. — Auch gehört hieher ein ebenfalls nachgeſchriebenes Collegienheft: *Chriſt's* Abhandlungen über die Literatur und Kunſtwerke vornämlich des Alterthums, durchgeſehen und mit Anmerkungen begleitet von Jo. Carl *Zeune*, Leipzig 1776. 8.

Von Chrift's Methode ift ebenfalls oben bereits das Nötige beigebracht. — Nach der Erneftifchen analytifchen Methode hat auch, mit Weglaffung des chronologifchen Theils nur in allgemeinen Grundzügen eine Archaeologie der Kunft entworfen *Efchenburg* im Handbuch der claffifchen Literatur S. 77 — 140; jedoch mit Abfonderung der Archaeologie der Griechen und Römer, von welcher er S. 1 — 76 ebenfalls ganz kurz handelt. — *Oberlin* hat der zweiten Ausgabe feines Werks primae lineae orbis antiqui, monumentis fuis illuftrati, Strafsburg 1790, 8. einen kleinen Prodromus oder eine fynoptifche Tabelle der ganzen Archaeologie auf acht Seiten vorangefchickt. Diefen Prodromus hat er etwas erweitert in französifcher Sprache im erften Theile des Magazin encyclopaedique herausgegeben. — Einzelne Theile der Archaeologie nach der analytifchen Methode haben mehrere bearbeitet, z. B. François *Dujon* *) (bekannt unter dem Namen Franciscus Junius), *Durand* und *Turnbull* über die Malerei der Alten. Ingleichen *Büfching* die Abfchnitte über die Bildhauerei und Steinfchneidekunft.

3) Die *chronologifche* Archaeologie, welche die Kunft im allgemeinen, nach den verfchiedenen Graden ihrer Vervollkommnung verfolgt, hat mit der analytifchen Methode zuerft zu verbinden gefucht *Winkelmann* in feiner Gefchichte der Kunft des Altertums. Vor ihm hatte man blos die Gefchichte der Künfte von *le Monnier* Paris 1698. Juvenel de *Carlencas* effai fur l'hiftoire des belles lettres. Lyon 1740. —44. 12. 2 Th. verm. 1749. deutfch mit einigen Zufätzen von J. E. *Kappe*. Leipzig 1752. 2 Thle. 8. und die *Kernhiftorie der freien Künfte* Leipzig 1748. 49. 3 Th. 8. **) Winkelmann hat zuerft unternommen die verfchiedenen Zeitalter der Kunft bei Aegyptiern, Etruskern und Griechen aus den alten Schriftftellern und aus Beobach-

―――――
*) Er hat hinter feinem Buche de pictura veterum auch ein alphabetifches Verzeichnifs der Griechifchen und Römifchen Bildhauer, Steinfchneider, Metallarbeiter und Baumeifter mitgetheilt, welches zur Künftlergefchichte brauchbar ift, aber noch vermehrt werden könnte.
**) Von einer andern Schrift: Trattato preliminare dell' Arte del Difegno degli antichi popoli, fiehe die Götting. gel. Anz. 1768. S. 169 — 178.

achtungen über die alten Denkmäler zu beſtimmen. *D'Hancarville's* Epochen der Kunſt gründen ſich dagegen auf ganz willkürliche Data und mifsverſtandene Stellen in den Alten *): Winkelmanns Zweck bei dem Entwurf ſeines Werks war, darin ein Syſtem der Kunſt ſelbſt zu liefern. Er geht bis zu ihrem Urſprung bei den verſchiedenen Nationen zurück. Er verfolgt darin die Fortſchritte und Veränderungen derſelben bis zu ihrer Vervollkommnung, und ihren Verfall bis zur Zeit ihres Untergangs. Bei Auffführung dieſes Plans unterſucht er beſonders den Zuſtand der Kunſt bei den Aegyptiern und Etruskern. Ausfürlicher und genauer handelt er die Kunſt bei den Griechen ab, als den Hauptgegenſtand ſeines ganzen Werks. Darauf geht er zur Geſchichte der Schickſale über, welche die Kunſt in Hinſicht auf die mannichfaltigen äufsern Umſtände, vornämlich bei Griechen und Römern erfahren hat; wobei die Geſchichte der Künſtler mitgenommen und ihre Werke ſorgfältig angezeigt werden. Dieſs Werk hat ungeachtet ſeiner Mängel eine Bahn gebrochen auf welcher durch die vereinigte Bemühung mehrer Gelehrten, vielleicht erſt am Ende des bevorſtehenden Jahrhunderts, eine, ſo viel möglich, vollkommne Geſchichte der Kunſt erhalten wird. Es erwarb ſeinem Verfaſſer eine grofse Anzal Anhänger, zum Theil auch blinde Verehrer und Nachbeter in dem ganzen cultivirten Europa. Aufser *Klotz* in Deutſchland, *Bracci* in Italien, *Falconet* in Frankreich und *Howe* in England, hat er wenig Gegner gehabt. *Leſſing* **), *Sulzer* und *Heyne* aber haben mehrere Stellen

*) D'Hancaruille hat nämlich im 3ten und 4ten Bande ſeiner Hamiltonſchen Vaſen eine neue Geſchichte der Kunſt aufgeführt. — Man vergleiche eine Abhandlung Ideen zu einer künftigen Geſchichte der Kunſt, in der Zeitſchrift, die Horen, 1795. 2ter Bd. no. 2. S. 29.

**) Aufser ſeinem Laocoon, den antiquariſchen Briefen und der Abhandlung: wie die Alten den Tod gebildet, gehören auch hieher die nach Leſſings Tode erſchienenen Collectaneen zur Literatur und Kunſt, welche verſchiedene beim Lefen der Winkelmanniſchen Schriften gemachte Bemerkungen über die Künſte enthalten. Ein Verzeichniſs von Fehlern der Wiener Ausgabe der Winkelmannſchen

Stellen feiner Geschichte der Kunst untersucht und berichtigt. Ich füge hier nichts weiter über Winkelmann und seine Schriften hinzu, weil ich das Nötigste hierüber in der *Biographischen und literarischen Notiz von Joh. Winkelmann* *) (Magdeburg, bei Keil 1797.

Kunstgeschichte steht in von Murrs Journal zur Kunstgeschichte Bd. 8. S. 30 — 56. Auch gehören hieher Lessing's Anmerkungen zu Winkelm. Kunstgeschichte, bekannt gemacht durch Eschenburg in der Berliner Monatsschrift, 1788. Stück 6.

*) Zu dieser wird ein Nachtrag, wenigstens in Absicht auf das Schriftenverzeichniss, welches ich S. 3 und 4, und S. 25 - 28 der oben angeführten Schrift gegeben habe, Literaturfreunden hier vielleicht nicht unwillkommen sein, wovon ich das meiste meinem Freunde und ehemaligen Zuhörer, Herrn Pappe verdanke: — Fr. Rud. Walther Leben und Charakter Winkelmanns im 5ten Stück des Paedagog. Museums. — J. G. Paalzow's Lebensgeschichte Winkelmanns ist nicht besonders gedruckt, sondern der Aufsaz desselben, dessen die Vorrede der Wiener Ausgabe der Kunstgeschichte gedenkt, steht im ersten Bande der neuen Greifswalder kritischen Nachrichten. Im deutschen Merkur 1781 St. 8. steht eine Nachricht von Herder über Winkelmanns Leben, Schriften und Charakter, welche, so wie das Urtheil des Italienischen Antiquars Abb. de Bracci über Winkelmann, in eben dieser Zeitschrift 1779. St. 6. S. 232 — 50, dem künftigen Biographen Winkelmann's sehr brauchbar seyn dürfte. Vergl. Jagemanns Briefe in von Murrs Journal zur Kunstgeschichte und allgemeinen Literatur und die Nachricht in Klotz deutscher Bibliothek Bd. 4 Stück 16. S. 731 — 742. Die Geschichte der Religionsveränderung Winkelmanns befindet sich in der Berliner Monatsschrift 1788. St. 7. S. 56. folg. und das 10te Stück liefert noch einen Beitrag dazu. — Die Italienische Ueberfezung von Heyne's Lobschrift auf Winkelmann findet sich vor der Mailändischen Ueberfezung der Kunstgeschichte, woraus sie in die zu Rom herausgekommene Ueberfezung dieses Werks von Fea aufgenommen ist. In die Französische Sprache ist diese Lobschrift mehrmal übersezt worden; einmal zu Kassel 1783, dann zu Göttingen in eben dem Jahre; und von Formey. Lezte steht im Journal encyclop. 1783. St. 10. Auch steht sie vor der Huberschen französischen Ueberfezung der Kunstgeschichte, und vor der französischen Ueberfezung aller Werke Winkelmanns von Jansen.

1797. 8.) beygebracht habe. — Auch *Heyne* in der *Einleitung in das Studium der Antike*, welche er vor mehrern Jahren im Abrifs zu

Vor der Huberfchen franzöfifchen Ueberfezung erfchien eine frühere von G. Sellius, welche angezeigt ift Götting. Anz. 1766. S. 111. — Vor kurzem ift in Frankreich eine neue Ueberfezung aller Werke Winkelmanns unternommen: oeuvres complettes de Winkelmann To. 1 Hiftoire de l'art chez les Anciens, traduite de l'Allemand, avec des notes hiftoriques et critiques des differens Auteurs. Paris 1790. avec fig. To. 2. 1794. avec 37 Fig Der Herausgeber unterfchreibt fich unter der Zueignung Janfen, Grenadier volontaire du bataillon de St. Martin des-Champs. Die Huberfche Ueberfezung ift zum Grunde gelegt und mit der Wiener und Dresdner Ausgabe und mit der zu lezter gehörigen Anmerkungen und den beiden Italienifchen Ueberfezungen forgfältig verglichen. Die Anmerkungen find nicht, (wie bei der Wiener Ausgabe) in den Text aufgenommen, fondern ftehen unter denfelben. Aus den beiden Italienifchen Ueberfezungen find die Anmerkungen der Gelehrten, welche fie beforgten, überfezt und unter den Text geftellt. Den auch aus den Schriften der Herrn Demareft, Heyne, Leffing, Dafsdorf, von Pauw und von Ramdohr, ausgezogenen Noten hat der Herausgeber die feinigen beigefügt. Winkelmanns Vorrede, Hubers Lebensbefchreibung Winkelm., Heyne's Lobfchrift mit den Anmerkungen von Fea und von Janfen felbft find auf CII Seiten vorgefezt. Aufser den Noten unter dem Texte find noch S. 563 — 685 folgende Schriften eingerückt: Mengs Gefchichte des Fortgangs der Kunft; Heyne's Abhandlung über das Elfenbein der Alten und feinen Gebrauch zu Kunftwerken; ein Auszug aus Leffing's Laocoon; eine Befchreibung der beiden Mumien im Antikencabinet zu Dresden; der Brief des Lords Montagu über die Gegenden Aegyptens, wo man Porphyr findet und die Denkmäler von Porphyr; Heyne's Abhandlung über die Etrusker und die Epochen der Kunft diefes Volkes; über die verfchiedenen Urfachen der Vollkommenheit, zu welcher die Kunft bei den Griechen gediehen ift, und über die Epochen derfelben bei gedachtem Volke; ein Auszug aus Heyne's Abhandlung über die Künftlerepochen des Plinius mit Anmerkungen von Fea; endlich Heyne's Abhandlung über den wahren und vermeintlichen Unterfchied zwifchen Faunen, Satyrs, Silenen und Pans, — beide aus Heyne's antiquarifchen Auffäzen. — Der zweite Band fängt mit dem 6ten Capitel des 4ten Buches an, enthält fodann von S. 517 an die Ueberfezung von Winkelmanns Anmerkungen über die Baukunft der Alten. nebft der Vorrede

von

zu Göttingen herausgegeben, verbindet die chronologische Methode mit der analytischen, indem er nach Vorausschickung einiger allgemeinen Begriffe über die Kunst und die alten Kunstwerke überhaupt, die Grundzüge der allgemeinen Geschichte der Kunst unter genauer Bestimmung ihrer Epochen entwirft, und sodann zur analytischen Methode fortgeht, und von der Bildhauerei, der Toreutik (Reliefs), Steinschneidekunst, Malerei und Mosaik besonders handelt. Der Baukunst gedenkt er so wenig, als der Numismatik, ungeachtet die lezte sowol, als die erste, als ein Theil des schönen Altertums betrachtet werden kann, sofern sie griechische Münzen begreift. — Paul Friedr. Achat *Nitsch* Einleitung in das Studium der alten Kunstwerke, für Künstler und Kunstliebhaber Leipzig 1792. 1 Bd. 8. hat ebenfalls die analytische mit der chronologischen Methode in fünf Abschnitten verbundun; wovon der *erste* das Allgemeine über die Kunst, der *zweite* die Geschichte der Kunst unter den Griechen und den mit ihnen verwandten Völkern, so wie die Römische Kunstliebhaberei

von Fea, und S. 653 die Bemerkung über die Architectur des Tempels zu Girgenti. Was aber weiter in der Ital. Ausgabe von Fea folgt, ist nicht gegeben, besonders die Abhandlung über die Ruinen Roms. Der dritte Theil von Carlo Fea's Italienischer Ueberfezung erschien schon Rom 1784. s. Götting. gel. Anzeige 1787. S. 2089. — Als Anhang zu den Monumenti antichi inediti erschienen zu Rom 1772. Richerche sopra un Apolline della villa dell' Emin. Cardinale Allessandro Albani, con 3 Figur. — Auszüge aus den Monumenti inediti stehen im deutschen Merkur 1776. St. 11. S. 97 — 105. Winkelmanns Gedanken über die Nachahmung der Griechischen Werke in der Malerei und Bildhauerkunst sind von Fuesli ins Englische übersezt 1764. Eine Beurtheilung derselben s. in Monthly Review Bd. 52. S. 456. — Das Sendschreiben von den Herkulanischen Entdeckungen erschien auch in französischer Sprache zu Dresden 1764. 4; und die Anmerkungen über die Baukunst der Alten in einer französischen Uebers. zu Paris 1783. 8. Winkelmanns Briefe an Heyne aus Rom 1764, und 1765, die im deutschen Museum 1776 St. 1. S. 67. — 79. St. 2. S. 163 — 177 und St. 3. S. 253 279 stehen, find auch zusammen gedruckt Leipzig 1776. 8.

haberei, der *dritte* die Künftlermythologie enthält. So weit geht der *erfte* Band. Der *zweite*, an deffen Ausgabe den Verfaffer der Tod verhinderte, follte in einem *vierten* und *fünften* Abfchnitte die dem Künftler nötigen Altertümer der Griechen und Römer, die Orte, wo die Kunftwerke befindlich find, das Hiftorifche von den Sammlungen enthalten, — nebft einer Vergleichung der Kuuft der Alten und Neuern und Beftimmung deffen, worauf man bei den alten Kunftwerken zu fehen habe. — Das Ganze ift blofse Compilation *).

Blos der *chronologifchen* Methode folgt *Büfching* im Entwurf einer Gefchichte der zeichnenden Künfte, Hamburg 1781. 8. Er fchränkt fich nicht blos auf eine chronologifche Gefchichte der fchönen Künfte des Altertums ein, fondern entwirft fie auch bis auf die neueren Zeiten, alles nur in kurzen hiftorifchen datis, aber mit Anführung der Werke, welche weitere Aufklärung geben. — *D'Hancarville* Recherches fur l'origine, l'efprit et les progrès des Arts dans la Grèce, fur leur connexion avec les arts et la religion des plus anciens peuples connus, et fur les monumens antiques de l'Inde, de la Perfe, du refte de l'Afie, de l'Europe et de l'Egypte. London 1785 3 Bde. 4. mit vielen (aber fehlerhaften) Kupfern. Ein Werk voll unhaltbarer Hypothefen und gezwungener Etymologicen. Das Werk handelt auch eigentlich nicht vom Urfprung, Geift und Fortgang *der Künfte*, wie der Titel verfpricht, fondern *der bildlichen Vorftellungen*, der finnbildlichen Vorftellung der Begriffe bei den alten Völkern, befonders von der Gottheit, fofern fie auf Kunftwerken vorkommen. *Maty*, der Herausgeber der Monthly Review, hat eine ftrenge Critik darüber in der Monthly Review Vol. LXXIII. S. 321. u. f. abgefafst, welche d'Hancarville in einem dritten Bande beantwortet hat. Vergl. auch Götting. Anz. St. 24 und 28. J. 1786.

3) Der

---

*) Nach der Verficherung des J. A. Goez in feiner Ausgabe der anecdota graeca, die Siebenkees aus Italien. Bibliotheken abgefchrieben, S. 25, hat Siebenkees auch ein noch unedirtes Handbuch der Archaeologie hinterlaffen.

3) Der *geographischen Methode in der Archaeologie* sind diejenigen gefolgt, welche Beschreibungen und Abbildungen der Kunstwerke einzelner Länder gegeben haben, als des alten Roms, Italiens, Siciliens, Griechenlands, oder welche in Reisebeschreibungen dieser Länder die an jedem Orte befindlichen Denkmäler des Altertums mit angeführt haben. Die Verzeichnung aller dieser Werke gehört in eine Literatur der Archaeologie. Der einzige Versuch aber einer allgemeinen geographischen Archaeologie sind Oberlins orbis antiqui monumentis suis illustrati primae lineae. Strafsburg 1790. 8. Das Buch enthält aber blos eine Nomenclatur der in jedem Lande und Orte vorhandenen Altertümer nach der geographischen Anordnung der Länder, mit Nennung der Namen der Schriftsteller, in welchen jedes Werk angegeben, beschrieben oder erläutert ist. Der Verfasser ist gesonnen, diefs Werk noch ins Französische zu übersezen, und jeden einzelnen Artikel etwas weiter auszuführen. — Besser würde ein geographischer Plan der Archaeologie der Kunst nicht nach der Geographie, wo man in Westen mit Spanien anfängt, sondern nach der Culturgeschichte des Altertums gefasst und auf dieselbe gegründet werden, so dafs man von Kleinasien sogleich in das unteritalische Grofsgriechenland und von da nach Etrurien hinauf gienge, ehe noch die Kunstgeschichte des eigentlichen Griechenlands und Athens behandelt würde, weil unstreitig die Künste in den gebildeten Colonieen Siciliens und Unteritaliens früher blüten, als im eigentlichen Griechenlande.

4) *Alphabetische Archaeologie.* Dahin gehört der antiquarische Theil der Encyclopaedie methodique von *Mongis*, und das Dictionaire des beaux arts von *Lacombe*, welches lezte aber sehr superficiel ist. — Ein Werk, wie *Sulzers* allgemeine Theorie der schönen Künste, besizt, meines Wissens, keine andere Nation, nach Blankenburg's Ausgabe, Leipzig 1792-94, welcher jedem Artikel eine vollständige Literatur beigefügt hat. Einige Artikel des Sulzerschen Werks sind in den Supplementen der älteren Encyclopaedie Françoise übersezt worden, und finden sich auch

auch im Dictionaire des beaux arts der Encyclopaedic methodique, worin der Archaeologifche Theil den Bürger *Levesque* zum Verf. hat.

5) Diejenigen welche aufserdem noch Befchreibungen und Abbildungen von Antiken gegeben haben, laffen fich eintheilen in *Mufeographen*, — *Sammler einer beftimmten Claffe von Antiken*, — *Vermifchte Sammler* — *und Monographen*. — Die *Mufeographen*, welche einzelne Mufea oder Sammlungen von Antiken befchrieben und in Abbildungen gegeben haben, fchliefsen fich gewiffermaafsen an diejenigen Schriftfteller an, welche die geographifche Methode in der Archaeologie gewält haben, fofern fie etwa das find, was für die Geographie die Topographen. Es fanden fich fchon bei den Alten Kunftmufea in den Paläften der Vornehmen und Fürften; befonders aber in den Tempeln z. B. zu Delphi, und in Römifchen Tempeln, die erften Dactyliotheken oder Gemmenfammlungen. Aber befonders haben Fürften und reiche Privatperfonen in den neuern Zeiten feit Wiederherftellung der Wiffenfchaften Sammlungen von Antiken angelegt, worin unter den Künftlern Raphaël und Michael Angelo, unter den Gelehrten Peirescius, und fpäter Caylus, und unter den Fürften die Mediceer und Päpfte ein edles Beifpiel gaben. Wie die *Mufea* nun entweder *allgemeine* d. h. folche, welche mehre Gattungen von Kunftwerken enthalten, oder *fpecielle* find, in welchen nur Antiken einer Claffe gefammelt find; fo auch die Mufeographien. Die fpeciellen Mufeographien müffen bei der Abhandlung einer jeden Claffe der Antiken angegeben werden. Allgemeine Mufeographien find z. B. die des Mufeum Florentinum von Gori, des Mufeum Capitolinum, des Mufeum Odefchalci, des Mufeum Pio - clementinum von Visconti, des Cabinets von St. Genieve von Molinet, des Mufeum Schöpflinianum (zu Strasburg) von Oberlin.

Sammler einer beftimmten Claffe von Antiken find z. B. *Ficoroni* in Abficht der Theatermasken, *Pafferi* und *Bartoli* in Abficht der alten Lampen, *Bartoli* in Abficht der Begräbniffe. Ingleichen die Sammler der Büften berümter Männer des Altertums, wie Fulvii Urfini Imagines virorum illuftrium — *Sammler der Kunftwerke verfchiedener Art* ift *Caylus* in feinem Recueil d'antiquités, Paris 1752,

7 Bände, 4. mit vielen Kupfern; wo die Kunſtwerke nach den vier Kunſtliebenden Völkern des Altertums, den Aegyptiern, Etruskern, Griechen und Römern geſtellt ſind. Caylus war ein ſo leidenſchaftlicher Liebhaber der Antike, daſs er deſshalb — was auch *Vaillant* für die Münzkunde that*), — die koſtbarſten, mühſamſten und gefahrvolleſten Reiſen in Europa und Aſien unternahm. Denn die Alterthumswiſſenſchaft hat ihre Heroën eben ſo gut als der Krieg, ihre Märtyrer eben ſo gut, als die Religion. — Hieher gehören auch die *Iconographen*, d. h. diejenigen, welche blos Abbildungen von Altertümern ohne weitere ausführliche Beſchreibung und Erklärung gegeben haben.

Monographen endlich ſind ſolche Schriftſteller, welche Abbildungen von einem einzelnen alten Kunſtwerke nebſt einer Abhandlung über daſſelbe herausgegeben haben; z. B. *Bartoli* über die columna Traiana und Antonina; *le Roy* und Albert *Rubenius* über den Tiberianiſchen Achat; Baudelot de *Dairval* über den Siegelring des Michel Angelo; *Millin* über eine Gemme mit der Diana Lochia im Magazin Encyclop. 1796. über die ägyptiſchen Steine im Nationalmuſeum, ebendaſelbſt Bd. 4. S. 123. über den Ring des Polycrates und die erſte Epoche der griechiſchen Steinſchneiderkunſt, ebendaſelbſt Bd. 5. S. 123.

Noch

*) Vaillant war als Gefangener der Algierer mehre Monate in harter Sclaverei. Er reiſte darauf mit zwanzig koſtbaren, bisher noch unbekannten goldnen Münzen, die er auf ſeinen Reiſen entdeckt und ſich zu verſchaffen gewuſst hatte, nach Frankreich zurück. Aber auf dieſer Reiſe droht ſchon wieder ein Corſar, ſich des Schiffs, das den Numismatiker führte, zu bemächtigen. Vaillant, nur für den Verluſt ſeiner Münzen zitternd, ſchluckt ſie hinunter. Ein Sturm, welcher den Corſaren entfernt, führt unſern Antiquar mit fünf andern Perſonen, mit welchen er ſich in ein Boot gerettet, glücklich an die Küſte von Frankreich. Nun merkt er die Gefahr, worin er ſich befindet. Er wendet ſich an Aerzte; ſie können ſich nicht über das Rettungsmittel vereinigen. Während ihrer Unentſchloſſenheit befreit ihn die Stärke ſeiner eigenen Natur von der Todesgefahr, indem ſie die Münzen zurückgiebt. Aber kaum iſt er von dieſer Todesgefahr befreit, kaum hat er dieſe numismatiſchen Schäze bekannt gemacht, ſo reiſt er ſchon wieder nach Aegypten und Perſien ab.

Noch giebt es mehre *vermischte Schriften* oder *Sammlungen archaeologischer Abhandlungen*, wovon die einzelnen Abhandlungen zu einer oder der andern von den genannten fünf Hauptclassen archaeologischer Schriften gerechnet werden müssen. Dergleichen Abhandlungen befinden sich viele in dem Graeuischen und Gronou. Thesaur. und den Supplem. des Sallengre und Polenus; ingleichen in den Memoires de l'Academie des Inscriptions, den Memoiren der Academie zu Cortona, und der Societät der Altertümer zu London, in den Commentationen der Göttingischen Societät der Wissenschaften, in *Heyne's* Sammlung antiquarischer Auffäze, zwei Stücke, Leipzig 1778. 8. u. s. w. — Man sollte billig alle diese Abhandlungen, besonders diejenigen aus den Memoires de l'Acad. des Bell. lettr. et des Inscript., nach Classen systematisch anordnen und besonders herausgeben.

IV. Was muſs ich zu diesem Studium mit hinzubringen?

Die Hülfsmittel, welche man zum Studium der Archaeologie der Kunst mit hinzubringen muſs, sind *theils* von der Natur ertheilte Gaben, *theils* durch Studium erworbene Wissenschaften. *Jene* sind — einiges Gefül für das Schöne, Edle und Groſse, ein treu bewahrendes und viel umfassendes Gedächtniſs, leichte Combinationsgabe der Phantasie, und ein gewisser Scharfsinn der Beurtheilungskraft, besonders in Bemerkungen des Aehnlichen und Verschiedenen. Aber auch selbst diese Gaben sind bekanntlich keinesweges ein bloſser Antheil der Natur, sie müssen oft erst durch Studium geweckt und in Thätigkeit gesezt; überall aber können sie durch dasselbe erhöht und gestärkt werden. *Diese* hergegen, ich meine, die allein durch Studium zu erwerbenden Hülfswissenschaften zur Archaeologie sind. —

1) Griechische und Römische Sprachkunde, und Lectüre der Alten, besonders der Dichter, Historiker und Mythographen, um daraus die alte Geschichte, und die alte Dichterdarstellung und Dichterfabel zu erlernen, woraus die alten Künstler gern Scenen und Gegenstände zu entlehnen pflegten. Besonders die

Lectü-

Lectüre Homers wird hier erforderlich fein, weil die alten Artiften gern Gegenftände aus ihm, der gleichfam ihr Lehrbuch war, auszudrücken pflegten *). Künftler und Kunftliebhaber, die der alten Sprachen nicht mächtig find, müffen daher ihn und andere alte, befonders griechifche Dichter, fo wie die Gefchichtfchreiber in Ueberfezungen fleifsig lefen **).

2) *Kenntnifs der Griechifchen und Römifchen Antiquitäten*, befonders der profanen und heiligen Gebräuche, Sitten, Geräthfchaften u. f. w. jener Völker, weil jene öfters auf Kunftwerken ausgedrückt find, oder auf fie angefpielt wird. Des Gronovius und Graevius grofse Thefauren Griechifcher und Römifcher An-

*) Allein fie drückten die Gegenftände nicht gerade fo aus, wie fie Homer behandelt, fondern nur fo weit die Grenzen und Regeln ihrer Kunft es verftatteten. Sie ftellten nur gern Gegenftände aus der Epoche des Troianifchen Krieges dar. So wie Caylus will, dafs die Neuern den Homer nuzen follen, nuzten fie ihn nicht. Er will, fie follen die Gegenftände in der Ordnung malen, wie fie Homer darftellt, nebft allen Nebenumftänden; allein die Gemälde, die Caylus vorfchlägt, find mehr Gemälde zum Homer, als Homerifche Gemälde, in welchen der Gang der Erzählung, die einzelnen Umftände der Handlung, die finnliche Darftellung des Dichters kopirt würde, welches alles der Kunft vermöge der ihr geftekten Grenzen entweder unmöglich ift, oder, wo es noch ausfürbar wär, die Gemälde unendlich vervielfältigen würde. Leffing hat über den Gebrauch, den die alten Maler vom Homer machten, fehr viel Gutes gefagt. Er begnügt fich da nicht blos mit den fchwankenden Begriffen von Erhizung der Einbildungskraft durch Homer, fondern er zeigt in Beifpielen, was für malerifche Bemerkungen die Alten fchon im Homer felbft fanden, ehe fie vielleicht noch diefelben in der Natur machten S. deffen Laocoon S. 219. 227. Und S. 14 — 21, zeigt er, dafs eine Menge folcher Gemälde, wozu ein Fürft nach Caylus Idee eine befondere Gallerie bauen follte, noch lange nicht Homers Iliade in Gemälden fein würde. Vergleiche auch Heyne im Excurs zu Virgil über die Befchreibung des Schilds des Aeneas.

**) Unter den Antiken find Gemmen und Münzen diejenigen, aus welchen fich der ganze Cirkel der Künftlerfabel am vollftändigften erlernen läfst. Die bisher bekannte Künftlerfabel erhält fogar aus den Münzen eben fo viel Zufäze, als die alte Geographie, wie neuerdings Ekhel's doctrina numor. vet. gezeigt hat. So z. B. aus den Städtemünzen von Kleinafien. S. Ekhel Bd. 3. der erften Abtheilung.

Antiquitäten find zum Nachfchlagen brauchbar. Die kleinern Lehrbücher aber find meiftens bekannt; obwol auch hier das Quellenftudium wieder am ficherften führt. Ich will daher hier nur zwei befonders für den jungen Künftler brauchbare Werke anführen: *Lens* le coftume ou Effai fur les habits, les moeurs et les ufages de plufieurs Peuples, Lüttich 1776, ins Deutfche vom Rector Martini in Leipzig überfezt, mit guten Zufäzen, Dresden 1784. mit 57 Kupf.; und französich wieder aufgelegt nach der deutfchen Ausgabe vermehrt und verbeffert, Dresden 1785. 4. Hieraus kann der junge Künftler das alte Coftume in den Kleidungen, Geräthfchaften, Waffen u. f. w. kennen lernen, damit er dagegen nicht fo vielfältig, als oft die gröfsten neuern Künftler gethan haben, verftofse. Das Werk ift zugleich angenehm zu lefen; aber freilich ift auch manches Falfche darin. Das zweite Werk ift *Dandré Bardon* Coftumes des anciens peuples à l'ufage des Artiftes, Paris 1772-76 4. N. Ed. von *Cochin*. 1785-86. 4 Vol. 4. 1792. 4. Vol. 4; aus dem Franz. überf. mit Anm. von W. G. *Becker* Heft 1 - 4. Leipzig 1776. 77. 4.

3) *Kenntnifs der Mythologie*. Die Mythologie läfst fich mit der Gefchichte der Cultur, der Denk-, und Vorftellungsart, und der Kenntniffe, befonders der hiftorifchen und philofophifchen Kenntniffe eines Volks verknüpfen; ja alle Gefchichte der Cultur eines Volks fängt von ihr an, weil in ihr der rohe Anfang der Gefchichte, die ältefte rohe Denkart, das erfte rohe Philofophiren des allmälig aufwachenden Verftandes über das *Wie* und *Warum* in der Welt, kurz, der Gang der erften Kenntniffe, Religion und Sittlichkeit eines Volks verborgen liegt. Aber Mythologie läfst fich auch in anderer Rückficht dem Studium der Antike vorausfchicken, und mufs auch allerdings demfelben vorausgefchickt werden. Jedes Volk hat feine mythifche Zeit und folglich feine Mythologie; es läfst fich daher eine Univerfalmythologie eben fo denken, als eine Univerfalgefchichte; obwol jene noch ein frommer Wunfch ift, den vielleicht das folgende Jahrhundert einmal realifirt fieht. Allein zum Studium der alten Kunft ift nur Mythologie

gie der Aegypter, Etrusker, Griechen und Römer erforderlich. Das Quellenſtudium iſt hier wieder das beſte Mittel zur Erlernung derſelben; das Studium beſonders des Homer, Heſiod, Pindar, der Tragiker, des Plato, und dann des Apollodor, Hyginus u, ſ. w. *). Allein dies Studium iſt für den jungen Studierenden, und inſonderheit für den Künſtler und Kunſtliebhaber theils zu weitläuftig, theils bedarf er eines Werks zum Nachſchlagen; gleichwol haben wir noch eben ſo wenig eine brauchbare Mythologie für den Künſtler, als für den Hiſtoriker und Philoſophen.

Da es indeſſen bei dem Studium der alten Kunſt nicht ſowol auf richtige, im Geiſte der alten Zeit und Denkart gefaſste Erklärung **) der alten Mythen ankommt, als auf Kenntniſs der Fabeln ſelbſt; ſo will ich einige Schriften, woraus man die Fabeln erlernt, anführen. Hiezu dienen *Natalis Comitis* Mythologia, Hanau 1605; welcher freilich brav allegoriſirt; ſo-

---

*) Von den alten Schriftſtellern zur Mythologie, z. B. Suidas, Eudocia, Tzetzes f. Beck's Einleitung zu Goldſmith's Griechiſcher Geſchichte S. 80 — 83. — Der Verluſt von Varro's Werke antiquitates rerum hum. et diu., und der Gedichte des Varro Atacinus iſt für Mythologie ſehr zu bedauern.

**) Wir haben auch hierüber noch nichts Ganzes. Viele einzelne trefliche Erklärungen und Winke zur richtigen Anſicht der alten Mythen hat gegeben Heyne in der commentation de cauſis fabularum Homericarum phyſicis, in ſeinem Virgil und Apollodor, in den antiquariſchen Auffäzen, in der Abhandlung über den Kaſten des Cypſelus, in der Vorrede zu Herrmanns Mythologie; ingleichen Voſs in den zweien Bänden mythologiſcher Briefe; Mellmann de cauſis fabularum de mutatis formis, und Gedike in ſeiner Academiſchen Vorleſung über die mannigfaltigen Hypotheſen zur Erklärung der Mythologie, in der Berliner Monatsſchrift 1791. April S. 333 — 369. — Was noch zu Gesner's Zeit für crude Begriffe über Mythologie herrſchten, erſiehet man ſchon aus dem, was er zuweilen über Mythen in ſeiner chreſtom. Ciceron. beibringt. — Hezel über Griechenlands älteſte Geſchichte und Sprache hat auch Mythen erklären wollen; aber er bringt ſonderbare Grillen und etymologiſche Träumereien vor, ganz im Geiſte und der Manier des Britten Bryant, und der beiden Franzoſen Huet in der demonſtratio Evangelica, und Court de Gebelin im monde primitif.

fodann *Bannier* Erläuterung der Götterlehre und Fabeln aus der Geschichte, aus dem Französischen übersezt von Schlegel, Leipzig 1754. 5 Bde 8; aber vor seiner Erklärungsart muſs man sich hüten; er geht, wie meiſtens die Franzosen, auf den Euhemerismus d. i. auf Erklärung *aller* Fabeln aus der Geschichte und auf Betrachtung der Götter als historischer Wesen aus; auch hat er nicht aus den Quellen geschöpft, sondern sein vornehmster Führer scheint *Huet's* demonstratio Evangelica gewesen zu sein; nach dessen Anleitung er alles aus der Bibel herzuleiten und zu derselben hin zu führen gesucht hat: und *Schlegels* Anmerkungen sind auch nicht von Belang. — Zum Nachschlagen dient das von Winkelmann in der Vorrede zu den Anmerkungen zur Geschichte der Kunſt S. 9 gerümte *Theatrum Genealogicum* von *Hennings*. Eben so dient auch zum Nachschlagen das so verachtete *Mytholog. Lexicon von Hederich*, welches *Schwabe* wieder herausgegeben, und *Nitsch* umgearbeitet hat. Fabelerzählung ist immer mit den gehörigen Citaten begleitet, und so weit ifts nur brauchbar, nicht in der Erklärungsart. Nitsch hat jedoch mehr von den neueren richtigern Ansichten der Fabeln hineingebracht. — *Damms* Götterlehre ist in eben jener Rücksicht brauchbar; er hat die Homerischen und Pindarischen Fabeln kurz erzält. Diefs Buch befaſst aber blofs Götter- und Heroengeschichte; und ist also keine vollständige Mythologie. Seine allegorischen Erklärungen muſs man ihm überfehen. *Seybolds* Mythologie, 3te Ausgabe, Leipzig 1797. giebt die Quellen an, trennt Griechische und Römische Fabel; zieht mehr die ältern Schriftsteller, als die ganz späten Fabuliſten zu Rathe, obwol er bei der Römischen Mythologie nicht alle Quellen benuzt zu haben scheint. Er hat überhaupt auch mehrere beſsere Schriften unserer Zeit über Mythologie unbenuzt gelaſsen. — *Herrmanns Mythologiſches Handbuch* enthält im 1. Bde. die Fabeln des Homer und Hesiod, im 2. Bde. die der Lyriker, und im 3ten die astronomischen Mythen, mit einer guten Einleitung Ein 4ter Band soll die Mythen der Tragiker, verbunden mit Hygin,

ent-

enthalten; und der 5te die der Alexandriner nach ihren verfchiedenen Gattungen. Die Unterfcheidung der Fabeln nach dem Zeitalter ift der Hauptvorzug diefes Buchs; das eigene Urtheil des Lefers ift durch diefe Zufammenftellung erleichtert; aber die Orphifchen Gedichte hätte er im 2ten Bde nicht mit in den Plan ziehen follen, da diefe keinen Volksglauben, fondern myftifche Philofophie enthalten. Die Erklärungen und Muthmafsungen des Verfaffers kann man auch nicht immer unterfchreiben. Diefs fei dem fonftigen Werthe des Buchs und dem Verdienfte feines Verfaffers unbefchadet gefagt. — Ein trefliches Handbuch zur allgemeinen Ueberficht in der Mythologie ift Chriftoph *Saxii* tabulae genealogicae five Stemmata deorum, regum, principum, — qui per tempus — mythicum vixisse creduntur, Utrecht 1783. fol.; obwol es einen weitern Umfang hat, als blofse Mythologie; ingleichen die genealogifchen Tafeln der Götter und Heroën in *Heyne's* Ausgabe von Apollodor's Bibliotheca Mythica.

Vor allen andern wollten für Kunft- und Künftler arbeiten — *Ramler* — *Moritz* — und *Rambach*. — *Ramlers* kurzgefafste Mythologie oder Lehre von den fabelhaften Göttern, Halbgöttern und Helden des Altertums, 2 Bde. Berlin 1790. 8. mit Kupf. ift angenehm erzält, aber voller Fehler im Einzelnen und im Ganzen. Manche alte Attribute der Götter hat er weggelaffen, und nicht unterfchieden, welche Attribute die Neuern, und welche nur die Alten einer Gottheit gegeben haben. Von Amor find nur die Dichtererzälungen beigebracht, und nicht die häufigen für Künftler fo brauchbaren Allegorien auf diefen Gott, die befonders auf gefchnittenen Steinen vorkommen. — *Allegorifche Perfonen* zum Gebrauch der bildenden Künftler, als ein Anhang zu Ramlers Mythologie, nebft einem Regifter über das ganze Werk Berlin 1791. 8. ift ohne allen Begrif von fchöner, edler und paffender Allegorie gefchrieben. Der Verfaffer wagt fich an Gegenftände, die fich gar in der Kunft nicht darftellen laffen; und andere ftellt er mit lächerlichen neuern Ideen dar, z. B. den *Winter* als einen Knaben mit Pelzrock, Schlittfchuhen und Kohlpfanne;

pfanne; den Tod als ein grofses Menfchengerippe mit einer Krone auf dem Haupte, und einen Wurfpfeil fchwenkend: — eine fchlechte Allegorie ift eine fichere Probe eines falfchen Gefchmacks! — *Götterlehre*, oder mythologifche Dichtungen der Alten von D. Ph. *Moritz*, mit 65 Kupfern, Berlin 1791. 8. voller Fehler und falfchgefchriebener griechifchen Namen. Die Fabeln find durch das fchöne Colorit und die exaltirte Phantafie des Erzählers verunftaltet; mehre rohe Fabeln, z. B. von Ceres, Vulcan, Vefta, Cybebe, hat er dadurch ins Feine gebildet. Ein Toilettenftück für Damen, mit einem Gewande couleur de rofe behangen! — Friedr. *Rambachs Abrifs einer Mythologie für Künftler zu Vorlefungen* 1. Bd. Berlin 1796. ift dem Zwecke gemäfser. Diefer erfte Band enthält die griechifche Sage von Erzeugung der Welt und der Götter, die Ueberficht des alten Götterftaats der Uraniden, les neuen Götterftaats der Kroniden, und eine umftändliche Darftellung der zwölf obern Gottheiten. — Aber ohne allen Werth ift 1) *Mythologifches Hand- und Lehrbuch für Künftler und Kunftliebende*, von F. R. G. (von Groffing), durchgefehen und verbeffert von H. C. Müller, 2 Bde. Berlin 1791. 8. 2) *Mythologifches Wörterbuch für Studierende und vorzüglich für bildende Künftler*. Wien und Leipzig 1793. 8. Eine elende Compilation und gröfstentheils magerer Auszug aus dem an fich felbft fchon fehr mageren *kurzgefafsten mythologifchen Wörterbuche*, Berlin 1752; voll grober Fehler! Diefs fei zur Warnung für Kaufluftige gefagt. — Da die Künftler unftreitig zuweilen in Darftellung der Mythen der Volkserzählung und nicht der theils ausgefchmückten, theils in vielen Nebenumftänden veränderten Darftellung der Dichter gefolgt fein mögen; fo wäre in der That zu wünfchen, dafs wir ein Buch aus dem Altertum hätten, welches uns die Mythen in der Geftalt darftellte, die fie in den Köpfen des Volks in verfchiedenen Zeitaltern hatte. Diefs würde auch in philofophifcher Hinficht wichtig fein, um über Entftehungart, urfprüngliche Bedeutung und wahren Geift der Mythen richtig zu urtheilen. Jezt haben wir nur die Mythen, wie fie in der

G   Ver-

Verfchönerung der Schriftfteller tradirt find, und auch die fpätern einfachen Fabelerzähler fchöpften fie doch aus jenen. So finden fich z. B. im Hygin ficherlich eine Menge Argumente aus verlorenen Dramatikern. Dichter aber fiengen gewifs fchon fehr zeitig an auszufchmücken. Wie haben Milton und Klopftock nicht die Gefchichten des Alten und Neuen Teftaments ausgepuzt! Wie hat nicht Mufäus die läppfchften Märchen des Volks treflich verfchönert! Etwas Aehnliches thaten gewifs fchon die älteften Dichterköpfe, obgleich fparfamer.

Endlich 4) mufs man zu dem Studium der alten fchönen Kunft mit hinzubringen — *allgemeine Kcmtniffe von fchöner Kunft, von Kunftideen, Kunfterfindung, Kunftbehandlung und Kunftfpräche.* Und mit diefen wird fich der *zweite Abfchnitt* diefer allgemeinen Einleitung befchäftigen. Ein dritter Abfchnitt wird den *Verfuch einer Literatur der Archaeologie der Kunft* enthalten; welchem einige Gedanken über das beigefügt werden follen, was noch zur Vervollkommung diefes Studiums von dem folgenden Jahrhunderte zu erwarten fei.